# 现代教育技术

主　编：方德坚
副主编：李惠杉　郑美娟
编　委：曾欣虹　王晓娟

# 图书在版编目(CIP)数据

现代教育技术/方德坚主编. -- 重庆:重庆出版社, 2022.12
ISBN 978-7-229-17459-0

Ⅰ.①现… Ⅱ.①方… Ⅲ.①教育技术学 Ⅳ.①G40-057

中国版本图书馆 CIP 数据核字(2023)第 003040 号

## 现代教育技术
### XIANDAI JIAOYU JISHU

方德坚　主编

责任编辑：袁婷婷
责任校对：郑　葱
装帧设计：优盛文化

重庆出版集团
重庆出版社　出版

重庆市南岸区南滨路 162 号 1 幢　邮编：400061　http://www.cqph.com
三河市华晨印务有限公司
重庆出版集团图书发行有限公司发行
E-MAIL: fxchu@cqph.com　邮购电话：023-61520646
全国新华书店经销

开本：787mm×1092mm　1/16　印张：13　字数：240 千
2023 年 5 月第 1 版　2023 年 5 月第 1 次印刷
ISBN 978-7-229-17459-0
**定价：78.00 元**

如有印装质量问题，请向本集团图书发行有限公司调换：023-61520417

版权所有　侵权必究

# 前　言

随着互联网技术的飞速发展，信息技术在教育中的应用变得越来越广泛，这就要求我们要加快培养能够熟练应用信息技术的新型教师。2018年，教育部正式发布《教育信息化2.0行动计划》（以下简称《计划》）。《计划》指出，要加快教育现代化和教育强国建设，推进新时代教育信息化发展。教育技术在教育中的应用是实现教育信息化的一个重要条件，它以快捷、智能、高效、自主、交互等特点与现代教育教学有机地融合在一起，对传统教学产生了强烈的冲击。在这一背景下，现代教育技术已成为当代教育必备的基本技能之一。

"现代教育技术"课程建设的目的是，帮助师范生以及一线教师熟练掌握信息技术，并有效地将其运用到教育教学中，这也是本教材编订的重要意义和动力所在。

本教材具有以下两个特点：

（1）系统全面。本教材的编写非常重视其系统性和完整性，内容既包含理论基础部分，又包含技术、课程、实操等内容，同时还针对现代教育技术的发展进行了展望。

（2）针对性强。本教材编写的一个重要目的就是培养师范类人才的教育技术基本技能与基本素养。无论是师范院校的在校学生，还是在职教师，都可以借助该教材进行学习。

本教材内容丰富、图文并茂，通俗易懂，但由于编者水平有限，书中难免存在不足之处，望广大读者和同行批评指正。

# 目 录

## 模块一 基础与理论

### 第1章 现代教育技术概述 003
1.1 现代教育技术的相关概念 003
1.2 教育技术的产生与发展 006
1.3 现代教育技术的时代意义 009

### 第2章 现代教育技术的理论基础 013
2.1 教学理论 013
2.2 学习理论 018
2.3 传播理论 022
2.4 系统科学理论 027

## 模块二 技术与支撑

### 第3章 信息化教学媒体与环境 035
3.1 信息化教学媒体阐述 035
3.2 新型信息化教学媒体 039
3.3 信息化教学环境 044

### 第4章 信息化教学资源的获取与处理 054
4.1 信息化教学资源阐述 054
4.2 文本资源的获取与处理 058
4.3 图像资源的获取与处理 061
4.4 音频资源的获取与处理 064
4.5 视频资源的获取与处理 066

## 模块三　课程与教学

### 第 5 章　多媒体课件与微课 ········· 071
- 5.1　多媒体课件阐述 ········· 071
- 5.2　多媒体课件的设计与制作 ········· 074
- 5.3　微课的设计与制作 ········· 080

### 第 6 章　信息化教学及其评价 ········· 085
- 6.1　信息化教学阐述 ········· 085
- 6.2　信息化教学设计 ········· 088
- 6.3　信息化教学评价 ········· 096

### 第 7 章　网络课程与在线教学 ········· 105
- 7.1　网络课程阐述 ········· 105
- 7.2　网络课程设计开发 ········· 108
- 7.3　在线教学平台 ········· 116
- 7.4　在线教学模式 ········· 119

## 模块四　延伸与展望

### 第 8 章　新技术持续赋能教育教学 ········· 129
- 8.1　虚拟仿真技术＋教育 ········· 129
- 8.2　大数据技术＋教育 ········· 132
- 8.3　人工智能技术＋教育 ········· 135

## 模块五　操作与实践

### 第 9 章　信息化环境操作 ········· 141
- 9.1　线下教学空间操作 ········· 141
- 9.2　线上教学工具操作 ········· 151
- 9.3　信息化教学资源检索 ········· 160

### 第 10 章　上机实践操作 ········· 164
- 10.1　Photoshop 图片处理上机实践 ········· 164
- 10.2　微课视频制作（Camtasia）上机实践 ········· 175
- 10.3　PPT 课件优化上机实践 ········· 184

### 参考文献 ········· 199

# 模块一 基础与理论

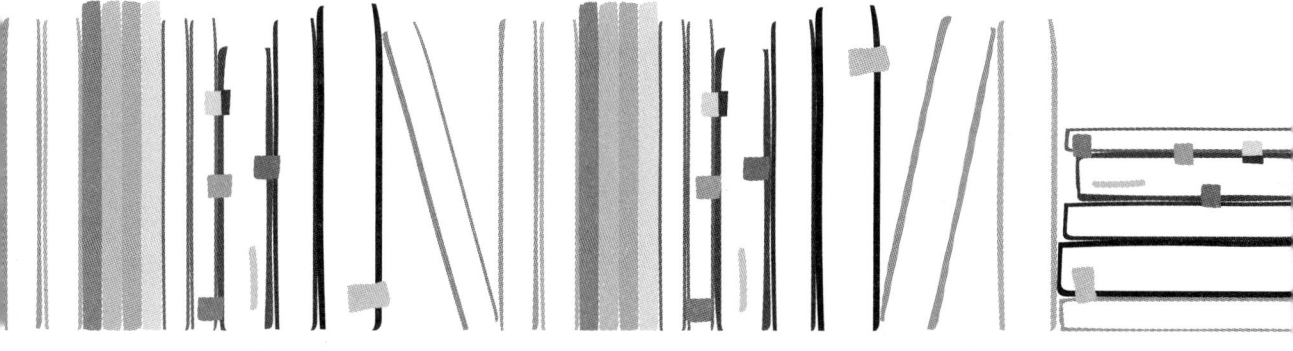

# 第1章　现代教育技术概述

## 学习目标

★ 明晰现代教育技术的相关概念。
★ 了解教育技术的产生与发展。
★ 理解现代教育技术的时代意义。

## 1.1 现代教育技术的相关概念

### 1.1.1 教育与技术

1. 教育

什么是教育？在我国，"教育"一词，最早出现在《孟子·尽心上》中："君子有三乐，而王天下不与存焉。父母俱存，兄弟无故，一乐也；仰不愧于天，俯不怍于人，二乐也；得天下英才而教育之，三乐也。"在这里，教育所要表达的意思与现代教育的意思相近，只是古代教育的形式不同罢了。

随着社会的发展和进步，虽然教育的形式在不断变化，但是教育的本质却从未改变。当然，教育的内涵是在不断扩大的，尤其在现代社会，教育的对象不再局限于青少年，而是扩大到了所有人。这也是从广义层面对教育进行的一种解读，即在教育者的积极指导和受教育者的主动参与下，有计划、有组织、有目标地对受教育者施加影响的社会活动过程都可以称为教育。

本书所要论述的教育并非广义上的教育，而是以学校为主要场所的学校教育，即狭义上的教育。因此，此处对教育的定义为：在学校这一特定的社会组织中，由专职人员（专业教师）有目的、有系统、有组织、有计划地对学生施加影响的实践活动。

2. 技术

什么是技术？目前人们对技术的理解有狭义和广义两个角度。从狭义的角度来看，技术被限定在有形的物质方面，认为技术是根据生产实践经验和自然科学原理发展而成的各种物资设备和生产工具。从狭义的角度去界定技术，技术的内涵被限定在硬件和软件这一技术手段层面。从广义的角度来看，技术包含两个方面的核心内容：有形的工具手段和无形的智能方法。二者缺一不可，因为仅仅有工具手段的支撑，而没有无形的智能方法，工具手段的效用也会大大降低。

### 1.1.2 教育技术

前面我们分别对教育和技术进行了界定，在此基础上，我们将教育和技术融合到一起，针对教育技术做进一步的界定。关于教育技术的定义，目前引用较多的是美国教育传播与技术协会（简称 AECT）在 2005 年发表的定义。

2005 年，美国教育传播与技术协会针对教育技术发表了定义（简称 AECT 2005 定义），这一定义是在 1994 年发表的定义（简称 AECT1994 定义）的基础上进行的拓展和完善。该定义为：教育技术是指通过创造、使用、管理适当的技术过程和资源，促进学习和改善绩效的研究与符合道德规范的实践。

和 AECT 1994 定义相比，AECT 2005 定义有如下几点不同之处：

（1）定义所处的背景不同。AECT 1994 定义所处的时代，网络技术刚刚起步，而发表 AECT 2005 定义时，网络技术已经实现了一定的发展。

（2）定义中所使用的定语不同。AECT 2005 定义采用的是"教育技术"（educational technology），而 AECT 1994 定义采用的是"教学技术"（instructional technology）。

（3）职能范畴不同。AECT 2005 定义将 AECT 1994 定义中的 5 个范畴（设计、开发、利用、管理和评价）整合为 3 个范畴（创造、利用和管理），这 3 个范畴形成了一个统一的、互相衔接的整体，如图 1-1 所示。

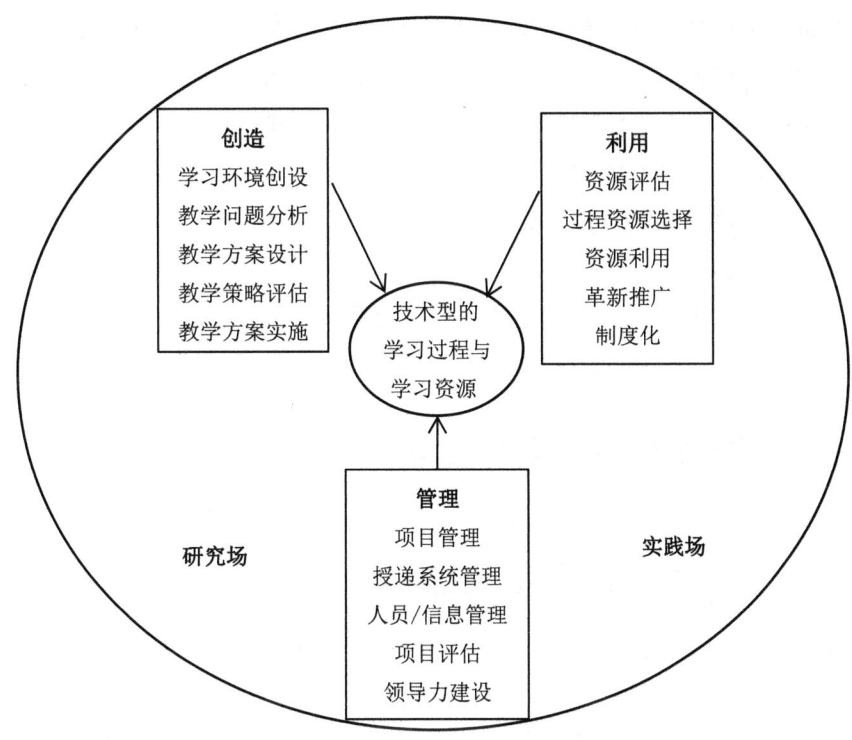

图 1-1　AECT 2005 定义的概念框架

📚 知识拓展

AECT 全称是 Association for Educational Communication and Technology，中文名为美国教育传播与技术协会。它是由利用技术指导教学活动、改善教学的教育工作者组成的专业协会。协会成员的主要职责是对教学传播媒体进行研究、规划、应用和产出，并对教育技术领域具有较大影响的问题进行研究。AECT 面向新技术的挑战，始终致力新科技在教育领域中的运用，使先进技术能更有效地用于增强专业性的技能培训、提高工作和学习的进程与效益。

### 1.1.3　现代教育技术

现代教育技术是 20 世纪 90 年代后在国内被广泛使用的一个术语，是指运用现代教育理论和现代信息技术（包括计算机技术、多媒体技术、网络技术、人工智能技术等），通过对教与学的过程和资源进行设计、开发、利用、管理和评价，以实现教育优化的理论和实践。与教育技术相比，二者在本质上是相同的，只是现代教育技术更加注重与现代科学技术有关问题的探讨。由此，我们可以对现代教育技术的概念做如下界定：现代教育技术是以现代教育理论、思想和方法为基础，以现代信息技术为主要手段，以实现教育优化的现代教育手段和方法。

进一步来说，现代教育教师的"现代性"主要体现在以下三个方面。

（1）更多关注与现代科技有关的问题。

（2）充分利用现代科技成果。

（3）教育技术现代化、信息化的色彩更加强烈。

## 1.2 教育技术的产生与发展

### 1.2.1 国外教育技术的产生与发展

教育技术是以科学技术为支撑的，所以教育技术的发展，从某种意义上也反映了科学技术的发展。关于国外教育技术的发展，我们可以从教学媒体系统、媒体技术、教育技术名称演变等几个角度进行不同的划分。在此，我们以教育技术名称演变为依据，将国外教育技术的发展划分为四个阶段，如图1-2所示。

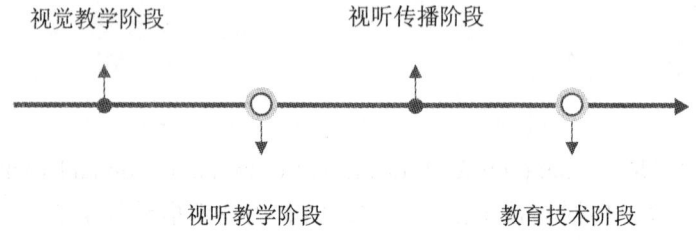

图1-2 国外教育技术发展的四个阶段

1. 视觉教学阶段（19世纪末至20世纪30年代）

该阶段是国外教育技术发展的起始阶段，始于19世纪末，以幻灯机、照相机等媒体被运用到教育领域为主要特征。为了更好地指导教育工作者利用照相机、幻灯机开展教学工作，美国宾夕法尼亚州的一家出版公司在1906年出版了《视觉教育》一书，对推广视觉教学发挥了积极的作用。1923年，美国成立了全美教育协会"视觉教育部"，视觉教育在学校得到进一步推广。

2. 视听教学阶段（20世纪30年代至20世纪50年代）

20世纪30年代初，录音机、有声电影、无线电广播等媒体开始被运用到教学中，这使得教育技术从视觉教学阶段进入视听教学阶段。声音的利用使教学内容变得更加丰富，而且也使很多教学内容的呈现变得更加直观。针对视听教学，美国视听教育家戴尔在《视听教学法》一书中提出了"经验之塔"理论，如图1-3所示。该理论对视听教学予以肯定，并对视听教学进行了总结。这一理论后来成为视听教学的主要理论依据。

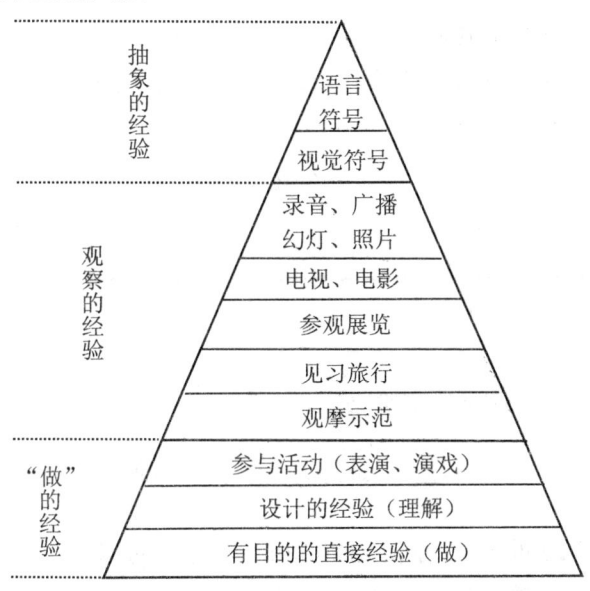

图 1-3　"经验之塔"理论

3. 视听传播阶段（20世纪50年代至20世纪60年代）

20世纪50年代以后，传播学理论被引入教育领域，越来越多的学者及教育工作者开始从信息传播的角度去分析教育教学活动，教育技术的发展也开始从视听教学向视听传播转变。虽然视听教学和视听传播都是围绕视听展开，但二者存在本质的区别，视听传播从本质上改变了视听教学的理论框架及其应用范畴，即视听教学不再局限于视听教具的使用，而是开始关注教学信息从传播者经由各种渠道传递给受传者的整个过程。

4. 教育技术阶段（20世纪70年代至今）

20世纪70年代以后，录像机、卫星广播电视、电子黑板、计算机网络等设备和技术相继被运用到教育教学之中，这使得教育技术实现了质的飞跃。1970年6月25日，美国"视听教育协会"更名为"教育传播与技术协会"，并首次提出了教育技术（Educational Technology）的概念。随着科学技术的不断发展，教育技术的实践领域也在不断扩大，教育技术的研究领域也从单一的媒体研究扩展到了教学系统，并形成了独特的研究模式，教育技术也因此发展为一门独立的学科。

### 1.2.2 我国教育技术的产生与发展

与国外教育技术的发展相比，我国教育技术的发展相对滞后一些，而且揭开我国教育技术序幕的是电化教育（该名词是我国独有的教育名词，出现于20世纪30年代）。从电化教育这一萌芽开始，直至今天，我国教育技术的发展大致可分为四个阶段，如图1-4所示。

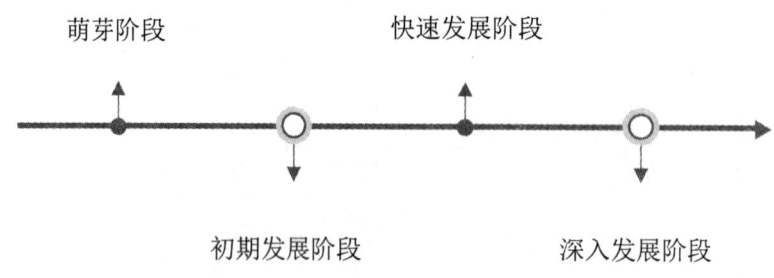

图1-4 我国教育技术发展的四个阶段

1. 萌芽阶段（20世纪20年代至20世纪40年代初期）

1922年，南京金陵大学（1952年被撤销建制，文、理学院等并入南京大学）首次用无声电影和幻灯讲解棉花种植知识，这是我国高校对电化教育最早的尝试。1935年，江苏镇江民众教育馆将馆内大会堂的名字改为"电化教学讲映场"，这是第一次出现"电化教学"这个名词。1936年，教育界人士正式提出了"电化教育"这个名词，此后，"电化教育"被广泛使用。1940年，"电化教育委员会"成立，这代表着电化教育正式被国家认可。

2. 初期发展阶段（20世纪40年代末至20世纪50年代末）

1949年，我国文化部科学技术普及局设立了电化教育处，负责在全国范围内推广和应用电化教育。1955年，北京市和天津市分别创办了自己的广播函授学校。1958年，全国开展教育改革运动，有效推动了电化教育的发展。在这段时期内，因为政府的重视以及学校的积极实践，我国的电化教育初步形成了规模。

3. 快速发展阶段（20世纪70年代末至20世纪80年代末）

20世纪70年代末，我国的电化教育开始进入快速发展阶段，并取得了显著的成效，具体表现在如下几个方面。

（1）全国各省、市、县相继建立了电化教育机构，形成了比较完整的电化教育网络。

（2）各级学校的硬件、软件建设成绩显著，很多学校都建设了计算机室、语言实验室、电化教育室等硬、软件设施，为电化教育的发展奠定了坚实的物质基础。

（3）电化教育人才培养体系初步形成。自 1983 年开始，电化教育专业开始出现，随后的几年，越来越多的高校开设了电化教育专业，并且涵盖研究生、本科、专科三个层次。

（4）1986 年，中国教育电视台（CETV）创建，开始实施卫星电视教育，标志着我国教育技术的发展进入一个新的阶段。

4. 深入发展阶段（20 世纪 90 年代至今）

20 世纪 90 年代，随着多媒体技术、信息技术的发展，我国教育技术的发展也进入深入发展阶段。和前几个阶段相比，该阶段有下述几个显著特点。

（1）教育技术的手段日益多元化，并且向网络化、虚拟化和智能化的方向发展。

（2）随着教育技术的应用越来越普遍，不同学者在不同层次上对教育技术展开了研究，再加上多媒体技术与网络技术这两种新技术的融入，使得教育技术的理论建设和实践应用发生了改变。

（3）随着教育技术的发展，在教育技术的支持下，学习环境开放、共享、协作、交互的特点逐渐凸显，因此，人们关注的重点逐渐向共享性学习和协作性学习环境的建设转变。

## 1.3 现代教育技术的时代意义

现代教育技术是现代教育的重要组成部分，尤其在强调教育现代化的今天，现代教育技术显得更为重要。具体而言，现代教育技术的时代意义主要体现在如下几个方面。

### 1.3.1 推动教育信息化的实施

教育信息化是指在教育领域的各个方面全面深入的应用现代信息技术，以此来推动教育的全面改革与发展。从技术层面来看，教育信息化的特点是网络化、数字化、智能化，从教育层面来看，其特征是开放、交互、共享，它是教育现代化的一个必由之路，也是构建终身教育体系的有效途径。如今，世界各国都加快了教育现代化的步伐，而教育信息化无疑是衡量一个国家教育现代化发展的重要标准。

为了推动教育信息化的实施，教育部在 2018 年 4 月印发了《教育信息化 2.0 行动计划》，这标志着我国教育信息化的发展正式迈入智能化阶段。2019 年 2 月，中共中央、国务院印发了《中国教育现代化 2035》和《加快推进教育现代化实施方案（2018—2022 年）》，这进一步体现了国家对教育现代化的重视。现代教育技术作为一种以现代信息技术为主要手段的教育方法和手段，通过现代教育技术在教育中的应用，无疑能够有力地推动教育信息化的实施。

### 1.3.2 促进教师的专业化发展

教师的专业化发展是指教师在整个职业生涯中，通过不断的学习和专门的训练，逐步掌握教育专业的相关知识和技能，并能够在教育实践中不断提升自身的职业素养，进而成长为专业教师的过程。教师是教育事业中的核心角色，发挥着至关重要的作用，只有建立一支专业化的教师队伍，才能造就高质量的教育，才能满足时代发展对教师的要求。

进入 21 世纪后，随着信息化时代以及知识经济社会的到来，社会对教师的要求越来越高，在这一背景下，教师应提高对自身的要求，不断提升自身的综合素养，从而实现专业化的发展。现代教育技术作为一种在教育教学中应用越来越普遍的教学方法和手段，对促进教师的专业化发展发挥着重要作用。

1. 能够为处于不同地域的教师提供交流的机会

教师间的交流是促进教师专业发展的有效途径。现代教育技术的出现打破了空间的限制，使得处于不同地域的教师之间也能够展开交流，进而使教师在更大范围的交流中获得提升。

2. 能够为教师提供专业的学习内容

在教师专业化发展的过程中，需要不断地学习，而现代教育技术的应用为教师寻找专业学习内容提供了便利。比如，像 MOOC（大规模开放在线课程）一样的平台可以让教师更加便捷地获取专业知识内容，从而为教师的学习提供支撑。

3. 能够为教师的教学研究提供方法和手段

教师的专业化发展提倡教师做研究型教师，发现、分析和解决教学问题是研究型教师的必备技能，现代教育技术为研究型教师提供了有效的研究工具、手段和方法。[①]

---

① 刘军，黄威荣. 现代教育技术 [M]. 北京：北京师范大学出版社，2010：8.

### 1.3.3 促进教育的均衡发展

现代教育技术的发展使线上教育变得越来越普遍，这打破了教育的空间限制，极大地促进了教育的均衡发展。具体而言，现代教育技术对教育均衡发展的促进作用主要体现在以下两个方面。

1. 现代教育技术促进了教育资源的共享

在传统的教学形式中，学习者只能接触到本地的教育资源，虽然通过购买资料的方式也能够接触到其他地区的教育资源，但是相对有限，而且成本较高。而随着现代教育技术的发展，学习者可以通过网络教育平台与现代教育远程中心获取异地的优秀教育资源，从而弥补本地教育资源数量不足、质量不高的缺点，进而提高教育质量。

2. 现代教育技术促进了教育机会的均衡

现代教育理念强调教育的公平性，这种公平性不仅体现在学校教育中，还体现在对每一个人的教育中。学校作为重要的教育场所，拥有丰富的教育资源，能够为在校学生提供良好的教育，而非在校学生（如没有考上大学或者已经毕业的人）则很难再接受学校的教育。而教育技术的出现，使得非在校学生也可以通过一些平台获得接受各类教育的机会，并且不受时间和空间的限制，这无疑在一定程度上促进了教育机会的均衡。

### 1.3.4 促进创新型人才的培养

创新型人才是指具有创新精神、创新意识、创新知识、创新思维和创新能力的人才，其核心是创造性思维。创造性思维由发散思维、直觉思维、形象思维、逻辑思维、纵横思维和辩证思维六个要素组成，如图 1-5 所示。

图 1-5 创造性思维结构

关于创造性思维的六个要素，教育技术的应用对其中四个要素（发散思维、直觉思维、形象思维、逻辑思维）的发展都具有非常积极的作用。以形象思维为例，这是一种以直观表象和形象为支柱的思维，其发展需要一些直观形象的支撑。而教育技术中的多媒体能够将抽象的知识以图文结合或者动画、视频的形式展现出来，这种直观、形象的方式有利于学生快速进入情境中，也有利于学生在大脑中构建相应的形象，进而使学生在观察、联想和想象中实现形象思维的发展。

总之，教育技术的应用有助于促进学生的发散思维、直觉思维、形象思维和逻辑思维的发展，进而使学生具有创新思维、创新意识和创新能力，并最终成长为 21 世纪社会发展所需要的创新型人才。

## 思考与练习

1. 简述 AECT 2005 教育技术的定义和现代教育技术的概念。
2. 简述国外和我国教育技术的产生与发展。
3. 现代教育技术的时代意义体现在哪几个方面？

# 第 2 章  现代教育技术的理论基础

## 学习目标

* 明晰现代教育技术的理论基础。
* 掌握教学理论、学习理论、传播理论和系统科学理论的主要观点。
* 了解各理论对现代教育技术的支撑作用。

## 2.1 教学理论

教学是一种有目的、有计划地通过教师和学生的双向活动,促进学生学习和发展的实践活动。教学理论是研究教学活动规律的理论,对现代教育技术在教学活动中的运用也具有一定的指导意义。在此,我们主要介绍发展性教学理论和教育目标分类理论。

### 2.1.1 发展性教学理论

发展性教学理论是 20 世纪 60—70 年代产生于苏联的一种教学理论,其代表人物是苏联著名的教育家和心理学家赞科夫。赞科夫热衷于教学论的研究,他所提出的发展性教学理论强调学生的一般发展(不仅包括智力的发展,还包括情感、意志、个性特点、道德品质以及身体素养的发展),而不是局限于认知能力的发展。这是因为无论学校教给学生多少知识,在学生毕业后,仍旧不可避免地会遇到不熟悉的知识,而具备了相应的智慧、意志和情感品质的人,则能迅速地辨明方向和掌握他不熟悉的资料。[1] 赞科夫的发展性教学理论包括教学原则、教学法、教学大纲等诸多方面的观点,其中,教学原则最为重要,因为赞科夫认为:"教学原则决定教学大纲的内容和结构,决定教学法(教科书、教学指导书)的典型属性。"[2] 赞科夫发展性教学理论中的"教学原则"主要有五点,其具体内容如下。

---

[1] 赞科夫.教学论与生活[M].俞翔辉,杜殿坤,译.北京:教育科学出版社,1984:2.
[2] 赞科夫.教学与发展[M].杜殿坤,张世臣,俞翔辉,等译.北京:人民教育出版社,1985:31.

1. 以高难度进行教学的原则

该原则是指教学要有一定的难度，如果进一步剖析，大致包含两层含义：一是克服障碍；二是学生的努力。赞科夫从心理学的角度着手，认为以高难度进行教学，可以引起学生在掌握教材知识时产生一些特殊的心理活动，这些心理活动有助于学生的学习。因此，教学内容在充分满足学生求知欲的同时，也要结合学生认知的可能性，适当提高教学的难度。需要注意的是，此处提出的"高难度"并不是越难越好，而是需要把握一定的度，这样才能在松弛有度的教学中有效地促进学生的发展。

2. 以高速度进行教学的原则

赞科夫认为，在教学中多次、单调的重复，不仅会浪费时间，拖慢教学进度，而且会影响学生的发展，基于此，赞科夫提出了高速度进行教学的原则。赞科夫指出，应减少教学过程中无效的重复，以此来加快教学速度，同时，在较快的教学速度中求得知识的广度，从扩大知识广度中求得知识的深度。在赞科夫看来，学生一旦掌握了某些知识，便需要继续往下讲，教给他们新的知识，而不是原地踏步。当然，此处所指的"高速度"并非"开快车"，不是越快越好，而是需要观察学生是否真正理解了知识，才可以继续下一步的引导。在这一点上，赞科夫参考了苏联心理学家维果茨基提出的"最近发展区"理论，认为适宜的"速度"就是要与学生的"最近发展区"的实际相适应，从而最大效率地促进学生的发展。

3. 理论知识起主导作用的原则

该原则强调，那些说明现象的相互依存性及其内在的本质联系的系统知识，在教学内容的结构中应占主导地位。此处所指的"理论"是相较于"实践"这个概念而言的。虽然现代教育理念强调实践的重要性，但理论知识作为实践的基础，其重要性不言而喻，而且在强调实践的今天，并不只是一味地强调实践，而是追求理论和实践相结合。因此，无论在任何时期，理论都是重要的基础，都应该起主导作用。显然，赞科夫的"理论知识起主导作用的原则"尊重的就是这一事实，他认为，理论知识可以揭示事物的内在联系，学生掌握理论知识后，便可以从根本上把握事物的内在联系，并由此展开思考，实现知识的迁移，最终实现学生的一般发展。

4. 使学生理解学习过程的原则

该原则指出，学生在理解知识本身的同时，也应该理解知识是怎样学到的，即要使学生学会学习。因此，教师在教学中需要注重学生学习活动的内在机制。在21世纪，学会学习的能力非常重要，这是个体不断发展的一个重要能力，也是个体实现终身学习的重要能力。国际21世纪教育委员会在向联合国教科文组织（UNESCO）提交的报告《教育——财富蕴藏其中》中指出，面向21世纪教育的四大支柱，就是要培养学生学会四种本领，即学会求知、学会做事、学会共处、学会做人。其中，学会求知指向的就是学生学习能力的培养，要让学生乐学、学会、会学，从而促进学生的一般发展，并为学生的终身发展奠定坚实的基础。

5. 使全体学生得到一般发展的原则

在班级授课制的情况下，不可避免地会产生成绩好的学生和成绩差的学生，为了最大限度地减少学生学习成绩上的差异，赞科夫提出了"使全体学生得到一般发展的原则"。其实，根据赞科夫提出的"一般发展"来看，成绩并不能代表学生的发展的全部，只能代表学生发展的某个方面，但学习成绩作为学生知识掌握情况的一个重要反映，自然也需要给予高度的重视。因此，针对所谓的"差生"，赞科夫进行了专题研究。赞科夫认为，"差生"在成绩上落后的原因是非常复杂的，而且不同"差生"之间也存在差异，如有些学生是因为缺乏学习兴趣，有些学生是因为缺乏学习信心，有些学生则是因为思维能力较弱，等等。面对如此复杂的情况，要实现全体学生的一般发展存在很大的难度。基于此，赞科夫立足学生实际，指出全体学生的一般发展并非要使全体学生都达到一定的高度，而是在学生自身的基础上实现一定的发展，如图2-1所示（①指不同程度的学生发展到同一高度，②指不同程度的学生在其自身的基础上实现一定的发展）。因此，学校要坚持不懈地在全体学生的发展上下功夫，从而使每一位学生都能够在其基础上实现应有的发展。

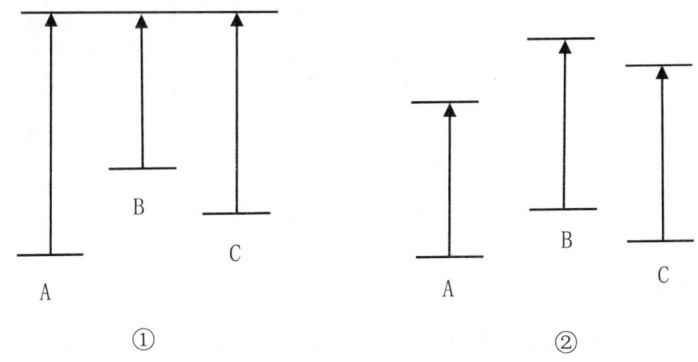

图2-1 全体学生一般发展图示

## 2.1.2 教育目标分类理论

美国著名的教育学家和心理学家布鲁姆提出了教育目标分类理论，并把教育目标分为认知、情感和技能三个领域,每个领域的教育目标都分为若干层次。

1. 认知领域的教育目标分类

基于认知领域的教育目标可分为识记、理解、应用、分析、评价和创造六类,如图 2-2 所示。

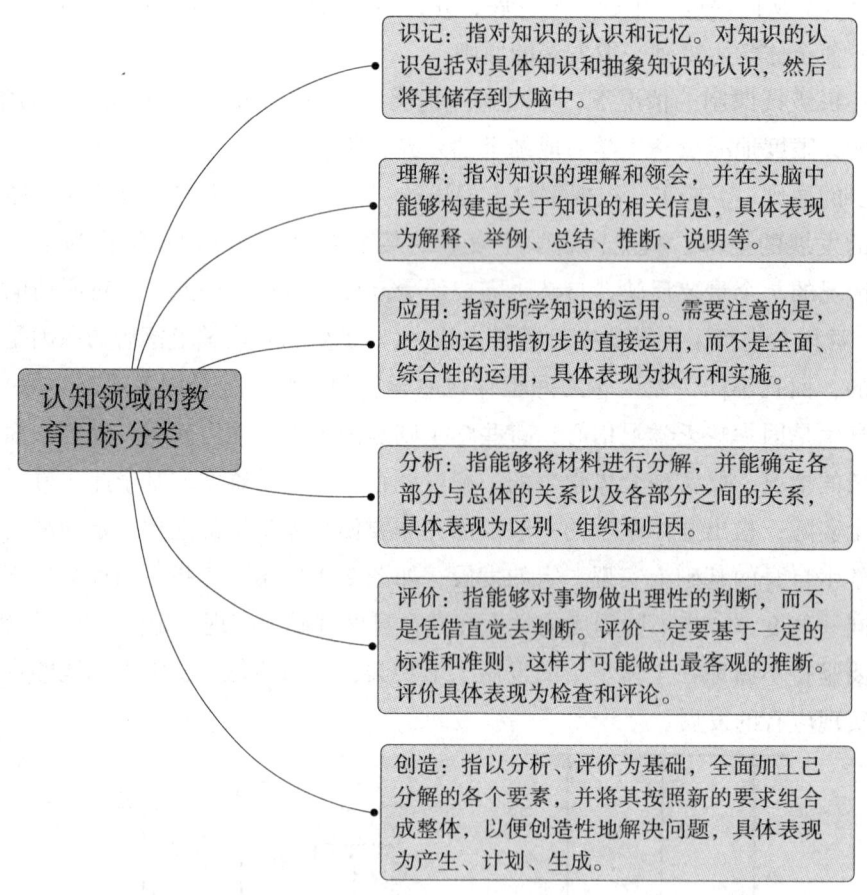

图 2-2 认知领域的教育目标分类

2. 情感领域的教育目标分类

情感行为的中心是价值、兴趣、爱好和欣赏。依据价值的内化程度,情感领域的目标由低到高可分为接受(注意)、反应、价值化、组织、价值与价值体系的性格化五类,如图 2-3 所示。

# 第 2 章 现代教育技术的理论基础

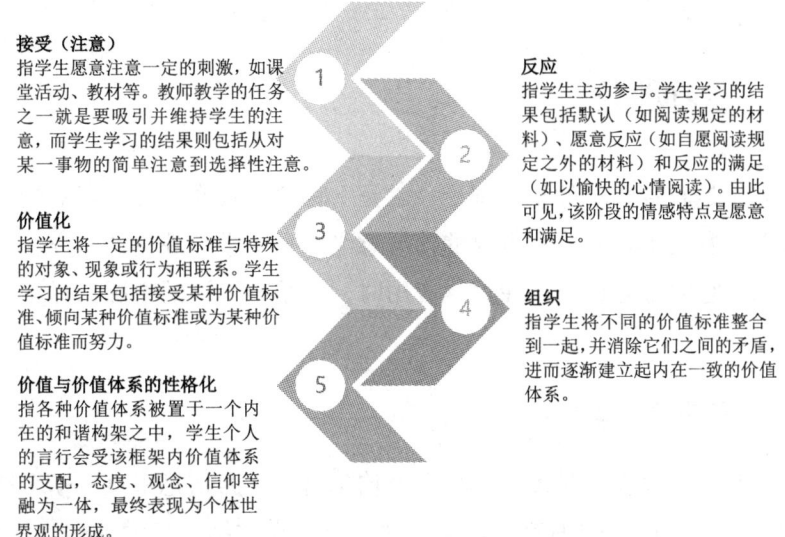

图 2-3 情感领域的教育目标分类

### 3. 技能领域的教育目标分类

基于技能领域的教育目标可分为知觉、定向、有指导的反应、机械动作、复杂动作的外显反应、适应和创新七类，如图 2-4 所示。

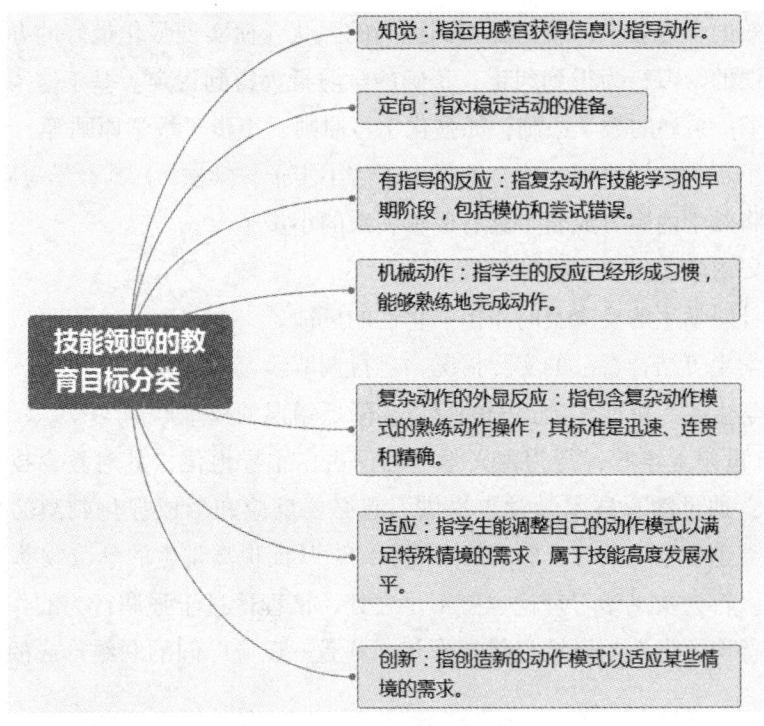

图 2-4 技能领域的教育目标分类

## 2.2 学习理论

学习理论是教育学中的重要理论，它是一种研究人类怎样学习的理论，对现代教育技术的发展也具有非常重要的指导意义。关于学习理论的研究，目前产生了诸多流派，它们各有特点，在具体应用时，应结合不同的情况选择不同的理论作为指导。

### 2.2.1 行为主义学习理论

行为主义的代表人物是美国心理学家伯尔赫斯·弗雷德里克·斯金纳，他也是新行为主义学习理论的创始人。斯金纳在桑代克联结主义学习理论的基础上，提出了"刺激—反应—强化"的学习模式，创立了操作性条件作用理论和强化理论，并将其应用于人类的学习研究中。

斯金纳认为，行为是人类生活的一个基本方面，而学习作为一种行为，它是刺激与反应的联结，可以通过强化和模仿来形成或改变。斯金纳所提出的"刺激—反应—强化"的学习模式对人类的学习活动具有积极的启示作用：学习者要想达到有效的学习效果，就需要得到适当的强化，而实现强化最好的办法就是让学习者错误的学习行为得到纠正，正确的学习行为得到肯定。基于这一模式，斯金纳总结了一系列的教学原则，如强化学习原则、小步子教学原则等。

根据小步子教学原则，斯金纳提出了"小步子教学法"，其教学思路如下。

（1）将教学内容分成若干具有逻辑关系的小步子。
（2）要求学生作出积极的反应。
（3）针对学生的反应及时作出强化性的反馈。
（4）学生可结合自己的实际情况，自行调节学习的步调。
（5）学生要尽可能作出正确的反应，降低错误的概率。

在20世纪上半叶，行为主义学习理论占据主导地位，其对教育技术的指导作用在于：通过教育技术为学生提供引起必要反应和形成强化刺激的材料与条件，使学生建立起刺激与反应间的牢固联结，从而提高学生的学习效率。

当然，行为主义学习理论也有不足之处，该理论过于强调行为的作用，而忽视了人的意识，将人的思维仅仅看作是"刺激—反应"间的联结形成的，这显然是片面的。

### 2.2.2 认知主义学习理论

认知主义学习理论是一种与行为主义学习理论相对立的理论，该理论是在格式塔学派的认知主义学习论的基础上发展起来的，是 20 世纪 50 年代中期之后，随着布鲁纳等一批认知心理学家的研究而兴起的。认知主义学习理论认为，学习是认知结构建立和组织的过程，学习个体本身作用于环境，其大脑的活动过程可以转化为具体的信息加工过程，并认为学习过程是学习者在原有认知的基础上，通过与新的学习内容相互作用，最终形成新的认知结构的过程。

布鲁纳是现代认知主义学习理论的代表人物，他认为教师在教学的过程中，应尽可能地采用多种教学方法，创设有助于学生自主探究的学习情境，让学生的学习过程成为一个主动探究的过程，而非被动接受的过程。

从 20 世纪 70 年代开始，认知主义学习理论开始占据主导地位，教育技术发展的主要理论支撑也开始由行为主义学习理论向认知主义学习理论转变。在教育技术的研究中，人们也开始关注学习者的内部心理过程，并开始强调学习者的认知规律，不再单纯地将学习看作外部刺激引起的适应性反应，而是将学习看作学习者在原有认知结构基础上，对外部刺激所提供的信息主动做出的有选择的信息加工过程。

其实，无论是行为主义学习理论，还是认知主义学习理论，都有其合理、科学的一面，但同时也都带有一定的片面性。行为主义学习理论强调外部条件的作用，忽视了人的内在因素；认知主义学习理论强调人的内在认知，弱化了外在条件的作用。

### 2.2.3 客观主义学习理论

客观主义认为世界是有结构的，而这种结构是可以被认识的，因此存在着关于客观世界的知识。从某种意义上来说，人的思维的目的是反映客观事实及其结构，而由此过程产生的意义无疑取决于客观世界的结构。由于客观的结构是相对不变的，因此知识是相对稳定的，并且存在着判别知识真伪的客观标准。教学的作用便是将知识准确无误地传递给学生，学生最终应从所传递的知识中获得相同的理解。

客观主义学习理论认为，教师教学的过程有着同一起点、同一历程和同一目标。教学的目的就是要让同一起点的学生，在经历同一过程后，达到同一目标。客观主义学习理论的教学模式具有以下几个特点。

（1）清楚地陈述具体的学习目标。

（2）按低层次知识技能到高层次知识技能的顺序进行教学。

（3）强调个人独立学习。

（4）采用传统的教学和评价方法，如班级课堂讲授、书面作业、检测等。

基于客观主义学习理论的认知，教育技术的应用要重视对知识的全面展现，从而让不同的学生在知识的认知上具有同步性和同一性。

显然，客观主义学习理论也存在一定的局限性，它同行为主义学习理论相似，忽视了个体的内在认知。

### 2.2.4 建构主义学习理论

建构主义学习理论是在认知加工学说的基础上发展而来的，近代的代表人物有杜威、皮亚杰等。建构主义学习理论与客观主义学习理论存在本质上的区别。建构主义学习理论认为，人类是在自己经验的基础上去建构和解释现实的，由于每个人的经验不同，所以每个人对客观世界的理解也自然不同。具体而言，建构主义学习理论的基本观点可归结为以下四点。

（1）学习是学习者主动建构内部心理表征的过程，包括结构性知识以及非结构性的经验背景。在这一过程中，学习者对知识的理解并不是他人输入的，而是在自身已有经验的基础上，通过与外界的相互作用形成对知识的新的理解和认知。

（2）在建构的过程中，一方面是对新信息的意义的建构，另一方面又包含对原有经验的改造和重组。建构主义对后一种建构尤为重视。建构主义学习理论认为，学习者在学习过程中并不仅仅是发展供日后提取出来用以指导活动的图式或命题网络，他们形成的对概念的理解是丰富的、有着经验背景的，从而在面临新的情境时，能够灵活地建构起用于指导活动的图式。

（3）由于每个人的经验不同，所以在学习的过程中，每个学习者对知识的理解都存在差异，这种差异为学生的合作学习提供了理论基础，因为差异也代表着多元，而通过学生的合作学习，可以使学生看到不同的观点，从而丰富他们的理解和认知。

（4）情境、协作、会话、意义建构是学习环境的四大要素。

①情境。在教学中，情境的创设是教学设计中的一项重要内容，并且创设的情境要有利于学生对学习内容的建构。

②协作。在学生建构知识的过程中，要加强学生间的协作。

③会话。包括教师与学生之间的会话以及学生与学生之间的会话。

④意义建构。帮助学生对当前学习内容反映的事物性质、规律以及事物之间的内在联系达到较深刻的理解，而这种理解在大脑中的长期储存形式就是关于当前所学内容的认知结构。

关于建构主义学习理论，可以通过一个故事更好地帮助我们理解。一条鱼和一只青蛙生活在同一个池塘中，它们是好朋友，都想去看看外面的世界，但由于鱼儿不能离开水，所以青蛙便独自离开了，待青蛙回来后，青蛙为鱼儿讲述了很多新奇的事物。比如，在讲述大象时，青蛙描述道："身体很高大，头上有两个大大的耳朵，还有长长的鼻子。"听完青蛙的描述，鱼儿的脑海中已经刻画出了这只大象的样子：鱼的身子，加上长长的鼻子和大大的耳朵。在鱼儿的脑海中，对大象形象的建构显然是错误的，但对于鱼儿来说，这应该就是大象的形象，因为这是鱼儿基于自身头脑中的认知建构出的"鱼象"形象。

以建构主义学习理论为理论支撑，教育技术的应用应该能够为学生提供各种学习环境，以此来促进学生对新知识的意义建构。虽然建构主义学习理论强调以学生为中心，重视学生对知识的自主建构，但不能因此否定教师的"教"，教师作为学生学习的指导者和组织者，教师的"教"能够促进学生对新知识的意义建构，如果忽视或者否定了教师的作用，将很难达到理想的效果。

### 2.2.5 上述学习理论对教育技术发展的综合影响

关于上述学习理论对教育技术发展的综合影响，我们可以参考乔纳森在1992年提出的二维图，如图2-5所示，该图比较直观地说明了行为主义、认知主义、客观主义和建构主义之间的关系以及它们对教育技术发展的综合影响。

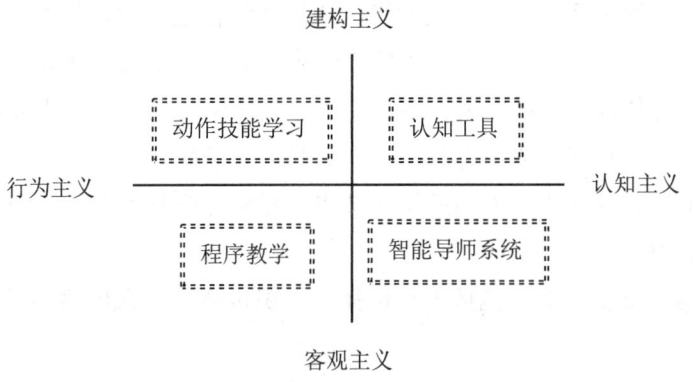

图2-5 乔纳森提出的二维图

在二维图中，乔纳森针对上述教育理论在教育技术中的应用各举了一个例子：程序教学典型地带有行为主义和客观主义倾向；智能导师系统的实质也是客观主义的，虽然智能导师对学习过程作认知主义假定，但它们仍企图将专家的知识映射到学习者脑中；各种能够增强思维和有助于知识构造的工具都可称为建构主义的认知工具；动作技能学习则不仅需要通过反复操练进行强化，还需要个体置身于真实环境中进行技能方面的建构。

需要指出的是，上述理论之间虽然有些存在着本质上的区别，但它们之间并不是谁取代谁的问题，而是如何相辅相成的问题。在教育技术的理论研究与实践应用中，同样需要结合实际情况，选择相适宜的理论作为其发展的支撑。

## 2.3 传播理论

传播理论产生于 20 世纪 40 年代，该理论主要用于研究人类的传播行为。从某种意义上来说，人类的教育活动也是一种传播活动，并且在这个传播活动中有其内在的规律性。与大众传播相比，虽然教育传播有其独特性，但二者也有诸多共通之处，所以传播理论同样可以作为教育技术发展的一个重要的理论基础。

### 2.3.1 传播的概念、类型与模式

1. 传播的概念

传播最开始为传达、通信、联系之意，后来专指信息的交流和交换。进一步来说，传播就是指传播者依靠一定的媒体或形式将信息传递给接收者，以达到信息交流和信息共享的目的。该概念的界定可从以下三个方面去理解。

（1）传播是传播者和接收者传递、接收、反馈信息的一个行为或过程。

（2）传播是信息交流或信息共享的一个互动的过程。

（3）传播是建立和改变人们的认知结构，影响与调节各自行为的过程。

2. 传播的类型

传播的类型很多，主要包括人际传播、组织传播、大众传播和教育传播四种类型。

（1）人际传播。人际传播就是个体与个体之间进行信息的交流，包括直接传播和间接传播两种形式。直接传播就是面对面进行信息的交流，间接传播则是借助媒体等媒介进行信息的交流。人际传播的目的主要有两个。

①沟通：通过交流，促进彼此之间的了解，并建立和谐的关系。

②调节：在交流过程中，根据他人的反应不断调节自身的行为，从而使自身行为符合社会规范。

（2）组织传播。组织传播是指组织内部成员、组织与组织之间进行的信息交流。就组织而言，传播是必不可少的，没有传播，组织的发展必然会受到影响。组织传播的目的主要有两个。

①促进组织成员间的相互了解，使组织成员可以和睦相处，并为组织贡献自己的力量。

②促进组织间的相互了解，使组织间可以建立良好的关系。

（3）大众传播。大众传播是传播者用专门编制的内容，通过媒体这一中介对广大受众进行信息交流的活动。大众传播的传播者并不是某个人，而是一些传播机构，如广播电台、电视台等，受众则是广大的人民群众。大众传播的目的是通过媒体等媒介影响广大的人民群众。

（4）教育传播。教育传播是教育者和受教育者之间的一种信息交流活动，是教育者依据一定的要求，将相应的知识通过有效的媒体渠道传递给受教育者的一种活动。教育传播的目的是使受教育者获得全面的发展，进而为社会发展提供所需要的人才。与上述几种传播模式相比，教育传播具有以下几个特点。

①对教育传播的内容有着严格的规定。

②教育传播的受众比较特殊。

③传播媒体多样，既可以采取口头传播的形式，也可以利用板书、多媒体等媒介。

3. 传播的模式

传播的过程是一个复杂的过程，在研究传播过程时，研究者都会将其分解为若干个要素，然后研究这些要素间的相互关系和相互作用，这就构成了多种传播模式。在此，我们简要介绍其中的两种。

（1）拉斯韦尔直线式传播模式。拉斯韦尔直线式传播模式，如图2-6所示，是由美国政治学家拉斯韦尔在1948年提出的，该模式说明了传播过程中的五个要素：传播者——who、信息——say what、媒介——in which channel、受者——to whom、效果——with what effect。

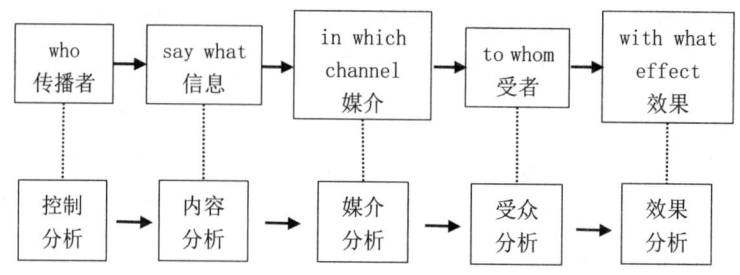

图 2-6　拉斯韦尔直线式传播模式

拉斯韦尔直线式传播模式在大众传播中有着非常广泛的应用，但这一模式也存在很多的不足之处，主要表现在两个方面。

① 它属于一种单向的模式，忽略了"反馈"这一要素的重要性。

② 它对"为什么"或动机的研究问题不够重视。

在现代教育技术中，拉斯韦尔直线式传播模式的指导作用在于：发挥教育者和受教育者的主动性与积极性，选择与教育内容相适应的教育媒体，并借助这些媒体将教育内容传递给受教育者。

（2）奥斯古德-施拉姆传播理论模式。与拉斯韦尔直线式传播模式相比，奥斯古德-施拉姆传播理论模式（如图2-7所示）对"反馈"这一要素非常重视，并揭示了教学中师生互动的关系及其重要性。

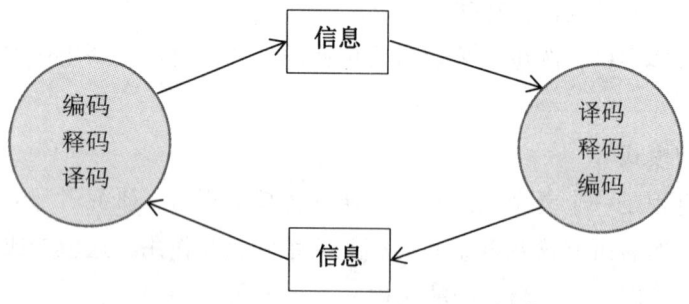

图 2-7　奥斯古德-施拉姆传播理论模式

根据图2-7可知，教师和学生既是信息转换的编码者，同时也是信息转换的释码者和译码者；既是信息的传递者，同时也是信息的接收者。在互动的过程中，教师和学生不断从对方身上得到信息的反馈，然后根据反馈的信息做出调整，直到该阶段的学习结束。

### 2.3.2 教育传播的要素、方式与过程

1. 教育传播的要素

教育传播的要素主要包括教育者、受教育者、教育信息、媒体和环境,五个要素之间相互独立,但又相互联系,共同构成了教育传播系统,如图2-8所示。

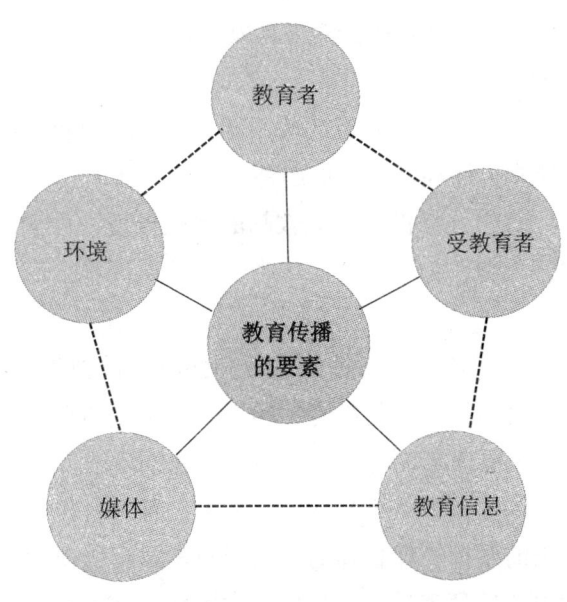

图2-8 教育传播的要素

(1)教育者。教育者是教育信息的组织者和传播者,他们的任务是组织教育信息并向学生传播教育信息。广义上的教育者不仅包括教师,还包括教材的编制者以及教育管理者。当然,教师是其中的核心,怎样有效地组织教育信息、采取怎样的方式传播教育信息,这些都是由教师决定的,所以教师必须要做好教学的设计、组织、评价等工作,从而实现教育信息传播的目标。

(2)受教育者。受教育者指教育信息的接收者,一般指学生。对学生来说,他们在教学活动(教师课堂的讲授、教学实践活动、社会活动等)中完成对教育信息的接收。在这个过程中,学生不是被动地接收教育信息,相反他们是主体,教师则是引导者和组织者。

(3)教育信息。从某种意义上来说,教育传播就是教育信息的获取、传递、交换、加工、存储和输出。在这个过程中,教育信息必不可少。教育信息是抽象的,只有将其转化为某种符号,才能更好地实现教育信息的传播。教育信息的符号有语言符号和非语言符号两大类,其中,语言符号包括口头语言和书面语言,

非语言符号包括声音符号、图像符号、视频符号等，两种符号相辅相成，共同促进教育信息的传播。

（4）媒体。在教育传播中，媒体承载着教育信息，是连接教育者和受教育者的桥梁。根据媒体所承载的信息的形式来区分，媒体可分为文字承载媒体、声音承载媒体和图像（视频）承载媒体三种形式。

（5）环境。环境对教育传播的影响也是不容忽视的，其内容非常丰富，包括社会环境、学校环境、教室环境等宏观及微观的环境。

2. 教育传播的方式

依据教育传播中传播者和接收者的关系结构，可将教育传播的方式分为自学传播、个别传播、课堂传播和远程传播四种。

（1）自学传播。自学传播没有专职教师的当面传授，自学者通常会从周围的环境中寻找教师的替代物，如书籍、录像带、学习课件等，而且自学者自主确定学习的步调。

（2）个别传播。个别传播是一种传播者和接收者单独面授的教育传播方式，这也是一种从古代一直沿用至今的教育传播方式。个别传播的目标明确，如教会一种技术、讲清楚一个原理等，所以在效果上通常比较显著。

（3）课堂传播。课堂传播是学校普遍采用的一种教育传播方式，该传播方式有利于教师主导作用的发挥，即教师通过组织教学过程，使学生快速地掌握相关知识。在课堂传播中，教师容易忽视学生的主体性和自主性，不利于学生学习兴趣的培养，也不利于学生素质和能力的发展。

（4）远程传播。远程传播是一种非面对面的教育传播方式，如电视教学、网络教学等，这种教育传播方式是随着现代通信技术的发展而逐渐兴起的，在网络信息技术愈加发达的今天，远程传播也愈加普及。

3. 教育传播的过程

教育传播的过程就是教育者借助各种媒体向受教育者传递教育信息的过程，这一过程大致可分为六个阶段：确定教育信息、选择传播媒体、通道传送、接收与解释、评价与反馈、调整再传送，如图2-9所示。

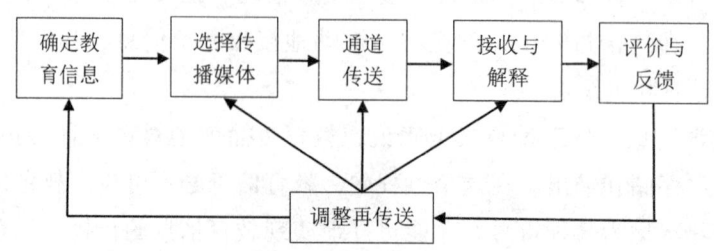

图2-9　教育传播的过程

（1）确定教育信息。确定教育信息是教育传播的第一步。一般来说，教学大纲的编写与教材的编订都属于确定教育信息的环节，而对于教师来说，则需要依据教学大纲和教材进一步确定教育信息。

（2）选择传播媒体。面对不同的教育信息，需要选择不同的传播媒体去呈现。在选择时，通常需要考虑以下四点：

①能否准确地呈现教育信息；

②是否符合学生的知识与经验水平；

③媒体是否容易获得；

④是否能够取得较好的传播效果。

（3）通道传送。在通道传送中，有两个问题需要考虑。

①信息传播的距离。比如，在课堂中，信息传播的距离较短；而在远程传播中，信息传播的距离很远，这就需要结合教育信息传播的距离选择适宜的通道。

②教育信息传播的顺序。无论是在课堂教学传播中，还是在远程教学传播中，都需要明确信息传播的先后顺序。

（4）接收与解释。受教育者通过视觉、听觉等感官接收教育信息，然后依据自身的经验与知识，对教育信息进行解释（即译码），最后将其储存到大脑中。

（5）评价与反馈。教育者针对受教育者的学习情况进行评价，评价的类型有很多，如诊断性评价、总结性评价、形成性评价等，把这些评价反馈给受教育者，让受教育者了解自身的学习情况。

（6）调整再传送。通过掌握的反馈信息与预定的教学目标之间的比较，可以发现教育传播过程中的不足，调整教育信息、教育传播媒体和教育传播通道，进行再次传播。

## 2.4 系统科学理论

系统是指由相互联系、相互作用的要素组成的，具有一定结构和功能的有机整体。系统科学打破了人们孤立研究某一事物的思维定式，而是将某一事物放到一个系统中，通过对系统的分析去揭示各组分的关系，寻求各组分间的联系，从而在对系统的分析中实现对该事物更加全面的认知。系统科学理论对诸多领域都产生了巨大的影响，在一定程度上促进了教育技术这门学科的产生与发展，因此，对系统科学理论的研究必不可少。

### 2.4.1 系统科学的基本理论

系统科学的基本理论主要包括控制论、信息论和系统论。

1. 控制论

控制论是关于各种系统中的控制和调节的一般规律的科学。在教育领域中，控制论所形成的理论称为教育控制论，该理论是以信息流为主要传输形式，以提高教学效率为控制目标的系统理论，其研究的是教育系统中运用信息反馈来控制可调节系统的行为，从而提高教学效率，实现教学目标。在整个环节中，信息反馈是关键，通过信息反馈，教师可以了解教育系统运行的情况，然后结合这一情况进行有效的调节，从而使教学设计能够做到有的放矢，进而提高教学效率。

2. 信息论

信息论是研究系统中信息的计量、传递、变换、存储和使用规律的科学，通过其在教育领域的应用而形成的理论被称为教育信息论。在教育教学中，教育信息的传递、变换和反馈至关重要，教育信息论研究的便是这一问题。现代教育技术作为教育信息传递、变换和反馈中的一个重要工具，发挥着非常重要的作用，而教育信息论无疑为教育技术的运用提供了积极的指导意义。

3. 系统论

系统论是基于系统角度研究事物变化、发展规律的科学，该理论促使我们从整个系统的角度思考教育教学的过程和现象，并运用系统的方法解决教育教学过程中出现的问题。从系统论的角度出发，教育教学是一个系统，该系统包括教师、学生、教学内容、教学媒体等，各要素之间是相互影响的，如图2-10所示。因此，在教育教学中，教育的优化不能仅仅从某个要素出发，而是需要从整个系统进行考虑，协调好各要素之间的关系，从而共同推动教育质量的提高。

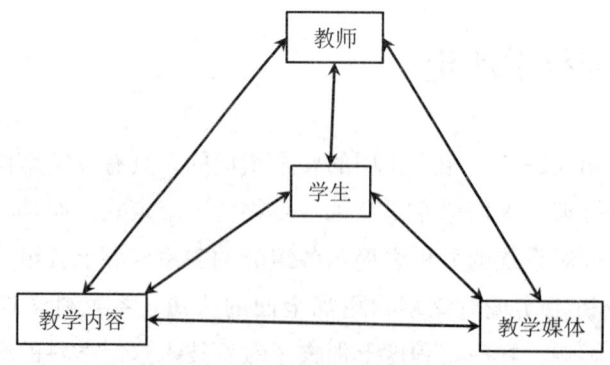

图2-10 教育教学的系统结构

## 2.4.2 系统科学的基本原理

系统科学理论可以归纳为三个基本原理，即整体原理、反馈原理和有序原理，这三个原理构成了一个比较完整的理论体系。

1. 整体原理

任何系统只有通过相互联系形成整体结构才能体现整体的功能，因为系统中各要素之间是相互联系、相互作用的，如果忽视了这种关联性，导致整体联系和整体结构缺失，那么系统功能的体现自然会受到影响。教育系统同样要遵循整体原理，重视对教学整体的分析，并综合考虑教学系统中的各个要素，使各要素之间相互配合、协调，从而使教育系统平稳运行，整体功能得到充分的体现。

2. 反馈原理

任何系统只要缺乏有效的反馈，就会影响其功能的体现。所谓反馈，就是指将一定信息传递给某些对象后产生的结果再输送回来，并对信息的再输入产生影响的过程。从信息的输入到信息的输出，再反馈到信息的输入，形成了一个闭合的回路，如图 2-11 所示。如果缺乏了反馈这一过程，上述回路便无法闭合，也就无法实现对教育系统的有效控制，这会导致教育系统失去保持动态平衡和自适应的特征。因此，在教育系统中，信息反馈是不可或缺的。

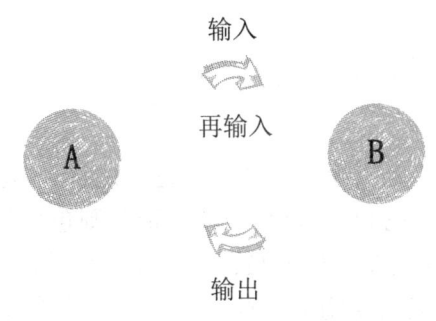

图 2-11 信息反馈的闭合回路

3. 有序原理

有序意味着系统组织程度的提高，在任何一个系统中，各要素或各子系统之间都需要按照一定的顺序和层次进行排列。在教育系统中，有序原理重视各内部元素之间以及内部元素和外部元素关系的处理，以便使信息交换处于有序状态中。教育系统应该是一个开放的系统，要能从教育系统以外的其他社会系统中获得有益的信息，并用于内部系统的调整和优化，从而使教育系统从无序走向有序。

### 2.4.3 系统科学方法

系统科学方法简称系统方法，是按照事物本身的系统性将对象放在系统的形式中加以考察的方法的总和。系统方法强调系统的整体性分析，即从对教育系统的整体分析中（包括对各要素之间关系的分析）发现系统的规律性，从而寻求解决问题的一般步骤、程序和方法。

系统方法的步骤如下：

（1）分析需求，确定问题；

（2）根据问题制定解决问题的可能方案；

（3）从几个可能方案中选择解决问题的策略；

（4）对策略展开具体的实施；

（5）明确策略实施的效率；

（6）根据实施的效率，确定是否有必要对系统进行修正，如有必要，加以修正。

系统方法为认识、调控、改造、创造复杂的系统提供了有效的指导，为制定系统最佳方案提供了新的思维模式，这使得其在教育系统中的应用非常广泛，对指导教育技术在教育中的应用也发挥着积极的作用。

#### 知识拓展

> 现代系统科学有"老三论"和"新三论"之说，"老三论"包括本节上文提到的系统论、控制论和信息论，"新三论"则包括耗散结构论、协同论和突变论。耗散结构论的基本思想是：一个开放系统在远离平衡状态的非线性区不断地与外界环境交换物质和能力，一旦某个参量变化达到一定的阈值时，由于涨落，系统便可能由原来的无序状态转变为一种在时间上、空间上或功能上的新的有序状态。协同论采用类比的方法，发现完全不同的系统之间具有一种深刻的相似性，即各种多元系统的子系统或元素之间存在着相互作用或协同合作，而且在一定条件下，可使系统形成具有一定功能的自组织结构，在宏观上产生时间、空间或时空结构上的新的有序状态。突变论指出，事物的各种状态都是交错的，这种不同状态的变化受外部控制因素的影响，如果状态一开始处于稳定区，由于受到控制因素连续变动的影响，状态就会发生连续变化，当控制因素变动到一定数值时，状态就会跳跃式地变化到某个新的稳定态，这就是突变。

思考与练习

1. 简述现代教育技术有哪些理论基础。
2. 简述各理论的主要观点。
3. 从教学理论、学习理论、传播理论和系统科学理论四大理论中任选其一,简单绘制一个思维导图。

# 模块二　技术与支撑

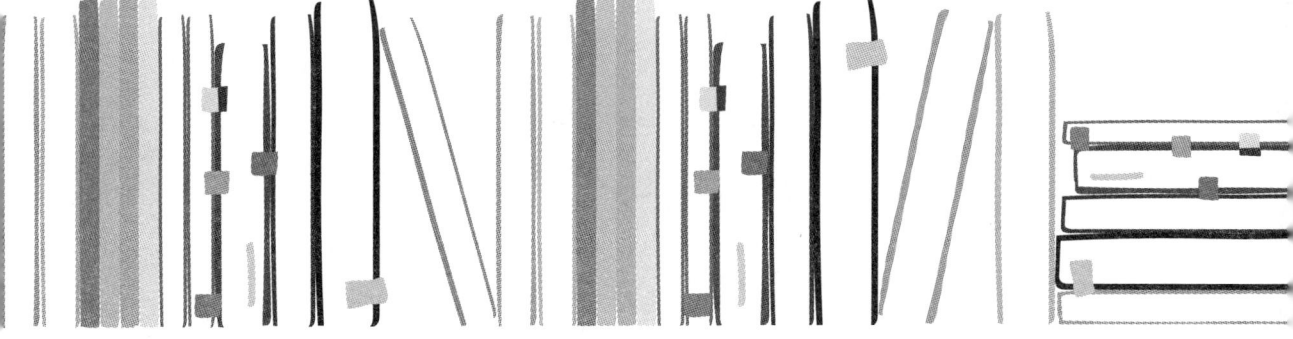

# 第3章　信息化教学媒体与环境

## 学习目标

★ 了解教学媒体与信息化教学媒体。

★ 了解新型信息化教学媒体，并学会使用交互式电子白板、触控一体机和电子书包等新型教学媒体。

★ 了解信息化教学环境，并能够利用信息化教学环境开展教学活动。

## 3.1　信息化教学媒体阐述

### 3.1.1　教学媒体

1. 教学媒体的概念

媒体是指信息源与信息接收者之间承载和传递信息的工具。当媒体用于教学中，则被称为教学媒体，其目的在于传递教学信息。其实，任何媒体都可以用于承载和传递信息，如电视、计算机等媒体，但如果这些媒体没有用于教学中，则不能将其看作教学媒体，而只能看作一般的媒体。只有将这些媒体进行改机，并能够运用于教学中，才能真正成为教学媒体。

2. 教学媒体的类型

依据不同的标准，媒体的分类也存在差异。在此，以教学媒体作用的感知器官为标准，将教学媒体分为视觉媒体、听觉媒体、视听结合媒体、交互媒体四类。

（1）视觉媒体。视觉媒体是指教学信息的传递主要作用于学习者视觉器官的教学媒体，可分为传统视觉教学媒体和电子视觉教学媒体两类。传统视觉教学媒体有黑板、模型、图示材料、实物教具等；电子视觉教学媒体有投影仪、幻灯机、电子白板等。

（2）听觉媒体。听觉媒体是指教学信息的传递主要作用于学习者听觉器官的教学媒体，主要有录音机、广播、MP3播放器、数字音频工作站等。

（3）视听结合媒体。视听结合媒体是指教学信息的传递同时作用于学习者视觉器官和听觉器官的教学媒体，主要有录像机、闭路电视系统、卫星电视系统等。相较于上述两种教学媒体而言，视听结合媒体因为同时具备声音和图像，所以能够更加直观、生动地将教学信息传递给学习者。

（4）交互媒体。交互媒体是指能够在媒体与人之间建立起信息传递的双向通道，并使双方能够相互作用的媒体。交互媒体是建立在现代计算机技术、网络技术等诸多技术的基础上发展起来的，主要有多媒体计算机、程序教学机器、交互式电子白板等。

3. 教学媒体的属性

教学媒体的属性是指教学媒体在表现事物的大小、运动、色彩、声画等方面的能力。

（1）大小因素。大小因素是指教学媒体对视觉内容、听觉内容或视听内容放大或缩小的功能。放大功能能够使教学内容表现得更为全面、清晰，而缩小功能则可以使学习者在适合自己的画面或声音中进行学习。

（2）运动因素。运动因素主要体现在视觉内容上，反映的是视觉材料的动、静属性。比如，图片是静止的，它反映的便是事物的某个瞬间；而动画是运动的，它反映的是事物运动的过程。运动因素的表现，使得对教学内容的讲解变得更加生动、形象，提升了对教学内容的表现性。

（3）色彩因素。色彩因素也主要体现在视觉内容上，是指教学媒体在颜色方面的表现能力。相较于上述两种因素而言，色彩因素的重要性相对较弱，通常需要根据具体教学内容的需求选择适宜的色彩。

（4）声画因素。声画因素是指同时表现声音和画面因素的能力。在教学中，声音和画面是两种基本语言，二者的结合能够提高对教学内容的表现力，从而提高教学效果。

📁 知识拓展

> **教学媒体的选择**
> 在选择教学媒体时，应着重考虑以下四点。
> （1）教学目标：教学活动必然有相应的教学目标，面对不同的教学目标需要选择不同的教学媒体来传递教学信息。
> （2）教学内容：不同学科的教学内容存在很大的差别，所以对教学媒体的要求自然也就不同；即便同一学科，不同单元的教学内容也存在差别，对教学媒体的要求也会不一样。
> （3）教学对象：教学对象的差异体现在年龄、兴趣、性格、学习能力等诸多方面，教师应结合不同的教学对象选择最适宜的教学媒体。
> （4）教学条件：教学条件包括资源、经济能力、教学环境、教师技能、管理水平等，这些条件在一定程度上决定着是否应该选择某个教学媒体。

### 3.1.2 信息化教学媒体

**1. 信息化教学媒体的概念**

信息化教学媒体是随着网络技术的发展而逐渐兴起的，所以信息化教学媒体也被称为网络教学媒体。具体来说，信息化教学媒体有两层含义：一是指教育信息化实践中使用的教学媒体；二是指信息时代开发的标志性的教学媒体。作为信息时代的标志性媒体，信息化教学媒体在教学中的使用推动了教育的变革，这也标志着信息化教育进入到一个新的阶段。当然，新教学媒体的出现并不会完全取代传统的教学媒体，如文字媒体、口语媒体等仍在使用，因此，包括信息化教学媒体在内的新开发的教学媒体，应该与传统的教学媒体结合起来使用，从而最大限度地发挥教学媒体的效用。

**2. 信息化教学媒体的特征**

信息化教学媒体的特征主要表现在存储性、扩散性、重复性、组合性和工具性五个方面。[1]

（1）存储性。存储性是媒体的一个重要特征，它可以将信息存储起来，并在需要的时候将信息再现。信息化教学媒体同样具有这一特征，并且和传统的教学媒体相比，信息化教学媒体可以存储的内容量更大，存储的速度也更快。

---

[1] 黎大志.现代教育技术[M].南京：南京大学出版社，2002：31.

（2）扩散性。扩散性是指信息化教学媒体可以将教学信息向其他地方传递。在信息化时代，信息的传递变得非常快捷，信息化教学媒体便借助了这一优势，使得教学信息可以突破时间和空间的限制，传递到任何一个需要传递的地方。

（3）重复性。信息化教学媒体的重复性包含两个方面：一是指其教学信息可以重复使用，并且在较高的保存条件下，其所呈现的信息的质和量是不变的；二是指教学信息可以被复制，然后在不同的教学地点进行使用。

（4）组合性。组合性是指不同的信息化教学媒体可以组合起来进行使用。在教学中，通常需要结合具体的教学内容选择适宜的教学媒体，有时需要将两种或多种教学媒体组合起来使用，这样可以达到更好的教学效果。

（5）工具性。信息化教学媒体的工具性是相较于人的主导性而言的，虽然信息化教学媒体在向着智能化的方向发展，但它也是由人操控的，其功能是以教师为中心进行的拓展，而非完全替代教师。

3. 信息化教学媒体的功能

信息化教学媒体可应用于教学的诸多方面，概括起来其功能主要包括以下四个方面。

（1）创设生动情境，激发学生兴趣。激发学生的学习兴趣一直是教育工作者关注的一个话题，而借助信息化教学媒体创设生动的情境无疑是一个有效的方法。和传统的教学媒体相比，信息化教学媒体可以借助其丰富的功能创设生动的情境，这可以使枯燥的知识变得生动、有趣，从而大幅度提高学生的学习兴趣。

（2）提供直观材料，加强学生理解。在教学中，有一些非常抽象的知识，这些知识学生理解起来存在一定的困难，教学效果也常常不是很理想。而借助信息化教学媒体，则可以将这些抽象的知识变得更加直观，这有助于学生的认知和理解，从而促进教学效率的提高。

（3）提供学习平台，引导自主学习。信息化教学媒体在教学中的应用为学生提供了更多可以学习的平台，学生除了在课堂上学习之外，还可以借助一些网络学习平台进行学习，并且在网络信息平台进行学习不受时间和空间的限制，能够从一定程度上引导学生自主学习，这对于学生的发展具有非常重要的意义。

（4）增加有效互动，提高教学效果。信息化教学媒体在教学中的应用可以提高学生参与的积极性，并促进教师与学生之间、学生与学生之间、师生与环境之间的有效互动，从而促进学生认知能力的发展，提高教学效果。

## 3.2 新型信息化教学媒体

新型信息化教学媒体的运用对教育教学产生了深刻的影响,其中,交互式电子白板、触控一体机和电子书包的关注度和普及性较高,因此,本节主要介绍这三种新型的信息化教学媒体。

### 3.2.1 交互式电子白板

1. 交互式电子白板简介

交互式电子白板的雏形最早出现于20世纪90年代初,是由美国施乐公司研发的,主要用于商业环境中。1991年,加拿大的SMART公司研发了真正意义上的交互式电子白板——SMART Board,并由此带来了教育技术领域的一次变革。

交互式电子白板由感应电子白板、电子笔等硬件和白板软件等组成,它融合了计算机技术、微电子技术和电子通信技术,既具有传统黑板的功能,也具有投影幕布、电子复写板等功能,同时还具有人机交互功能。作为一种新型的信息化教学媒体,交互式电子白板正逐渐取代传统黑板,成为课堂教学中的重要工具,极大地方便了教师的教学以及学生的学习。

2. 交互式电子白板的类型

目前市场上比较常见的交互式电子白板主要有以下四种类型。

(1) 电磁感应型交互式电子白板。电磁感应型交互式电子白板的白板区域由水平和垂直方向排列的电磁波接收线圈膜组成。其工作原理是:当特定的电磁感应笔靠近接收线圈膜时,线圈上就会感应到电磁感应笔的电磁波,从而定位电磁感应笔所在的位置。电磁感应型交互式电子白板的优点是定位准确,缺点是需要使用特定的电磁感应笔,且耐用性不高。

(2) 红外线型交互式电子白板。红外线型交互式电子白板的工作原理是:在显示区域四周分布着红外线发射管和接收器,构成了水平和垂直方向的扫描网络,这就形成一个扫描平面网,当有物体阻挡住扫描网络中的某对水平和垂直扫描线时,就可以通过被阻挡的水平和垂直方向的红外线位置确定扫描平面内的X、Y坐标。红外线型交互式电子白板的优点是定位准确,且使用手指便可以进行触摸操作,书写方便,耐用性强,所以该类型的电子白板相较于其他几种应用更为广泛。

（3）超声波型交互式电子白板。超声波型交互式电子白板采用超声波测距定位技术，根据三点定位的原理，通过超声波发射到接收的时间计算出发射点到接收点的距离，计算出笔所在的 X、Y 坐标。该类型电子白板的优点是定位比较准确，适应性强；缺点是需要专用笔书写，且定位精度的均匀性较差。

（4）CCD（电荷耦合元件）光电耦合型交互式电子白板。CCD 光电耦合型交互式电子白板采用 CCD 光扫描的原理来实现，在显示区域的一边设置两个固定距离的 CCD 线阵探测器和红外发射器，对准白板的显示区域。在显示区域的另外三边设置可以反射光线的反射膜，在没有物体阻挡时，线阵 CCD 检测到的是一条完整的光带。当有物体在显示区域中挡住光线传播路径时，在线阵 CCD 检测到的光带中会出现无反光区域，分布在两个角的 CCD 分别检测到的遮挡区域反应在线阵 CCD 的对应区域，根据对应的区域计算出物体在显示区域的位置。该类型电子白板的优点是反应速度快，可以实现多点触摸，书写方便，耐用性强；缺点是造价较高，且受强红外光的影响较大。

3. 交互式电子白板的主要功能

交互式电子白板的主要功能为以下几点。

（1）屏幕批注，及时反馈。交互式电子白板具有便捷的书写功能，当教师发现学生问题时，可以在屏幕中进行批注，及时给予学生反馈，让学生发现问题，并及时纠正。

（2）分批呈现，逐步引导。交互式电子白板可以根据教学的需求分批呈现教学资源，尤其在引导学生探究时，教师可以将教学内容分批呈现给学生，让学生逐步进行探究，从而促进学生探究能力的发展。

（3）拖放组合，实践体验。交互式电子白板具有拖放和组合的功能，在教学中，教师可以借助这一功能让学生进行实践操作，体验相应的过程，从而在加深学生对知识认知的同时，锻炼学生的实践操作能力。

（4）局部放大，凸显重点。交互式电子白板具有放大和缩小的功能，这可以辅助教师将教学中的一些重点内容进行放大或缩小处理，从而利于学生进行观察和分析。

（5）过程回放，重温所学。交互式电子白板具有回放的功能，可以实现教学内容的重复呈现，辅助学生重温知识脉络，从而在这一过程中实现对知识的巩固。

（6）便于绘图，提高效率。交互式电子白板提供了多种绘图工具，如圆规、智能笔、量角器等，这极大地方便了教师绘图，从而提高教师板书和授课的效率。

**4. 交互式电子白板互动功能的实现**

交互式电子白板的"交互"是指教学信息的流向，而非真正的教学"互动"，但如果能够充分利用交互式电子白板的"交互"功能，无疑可以进一步提升课堂的互动效果。至于如何实现交互式电子白板的互动功能，有以下几点策略。

（1）积极创设情境，促进学生互动。利用交互式电子白板的诸多功能模块，如拉幕、聚光灯、拖放等，可以有效地创设教学情境，在情境中，教师可以引导学生展开探究，并彼此交流，从而促进学生间的互动。

（2）引导学生操作，促进彼此交流。在教学中，教师可以将交互式电子白板的操作权交给某个学生，让其去呈现自己的思考过程，而教师可以引导其他学生针对该学生的思考过程进行分析和讨论，最后教师针对学生的讨论情况予以评价。这样，学生与学生之间，教师与学生之间都可以实现有效的互动。

（3）注重问题呈现，引导学生探讨。借助交互式电子白板可以生动地抛出一些问题，这些问题可以作为学生探讨的引发点，让学生展开讨论，然后教师逐步给予引导，最终让学生在互动中解决问题。

总之，"交互"只是教学信息的流向，而为了真正促进教师与学生、学生与学生之间的互动，则需要教师这个中间体进一步发挥作用，这样才能促进交互式电子白板互动功能的实现，进而最大限度地发挥交互式电子白板的作用。

### 3.2.2 触控一体机

**1. 触控一体机简介**

触控一体机的外形是一个可触摸液晶电视，主流的尺寸在 60～70in（1in ≈ 2.54cm），它将液晶电视、投影、音响、白板等融为一体，具有透明性高、操作简便、界面友好、信息丰富、扩充性好、可动态联网等优点。触控一体机凭借其诸多优点，在教学中发挥了重要作用，已成为教育教学中一个极其重要的工具。

**2. 触控一体机的功能**

触控一体机具有诸多功能，具体内容如表 3-1 所示。

表3-1 触控一体机的功能

| 功能 | 具体解释 |
| --- | --- |
| 电视功能 | 支持 1920px × 1080px、32 位真彩色全高清显示 |
| 触控功能 | 支持多点触控，反应灵敏，触控无延迟，轻松实现手写文字、绘图和标注 |

**续 表**

| 功能 | 具体解释 |
| --- | --- |
| 计算机功能 | 可无线上网，可连接无线键盘和无线鼠标 |
| 会议功能 | 可用于会议演讲、策划方案演讲、远程视频会议；电子文档随插随用，无需投影仪、计算机等设备 |
| 白板功能 | 可以用笔或手随便写、随便画，无须笔擦，可随意删除；可存储和录制 |
| 投影功能 | 大屏幕可代替投影仪，且图像显示非常清晰 |
| 监控功能 | 可对监控区域进行安全监控，并能够调出监控视频，进行情况分析 |

### 3.2.3 电子书包

**1. 电子书包简介**

电子书包是一种致力推动教育信息化、实现校园教学一体化、加强家校互通功能的产品。电子书包的初衷是减轻学生的物理负担，让学生无须再背着沉重的书包上学。随着科学技术的发展，电子书包的功能在不断丰富。对学生来说，电子书包不仅仅是一个装载着课本、笔记本、作业的书包，更是一种学习环境，能够满足学生个性化的学习需求。从教学管理的角度来看，电子书包是集学、练、评、拓为一体的，活动的、立体化、网络化、便携式的"电子课堂"，同时还是学生、教师的互动平台，也是学生、教师、教学、科研教育行政主管部门、家庭等的交流平台。

电子书包所具有的功能、特点和优势如图 3-1 所示，使得电子书包能够满足当前时代下自主学习、个性化学习和终身学习的需求，并推动着教育教学的改革。电子书包作为一种数字化的课本，它的出现或许预示着一场全球性教育改革的到来。

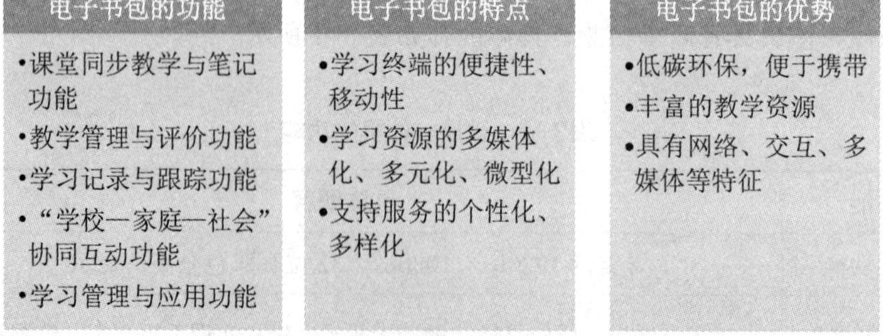

| 电子书包的功能 | 电子书包的特点 | 电子书包的优势 |
| --- | --- | --- |
| • 课堂同步教学与笔记功能<br>• 教学管理与评价功能<br>• 学习记录与跟踪功能<br>• "学校—家庭—社会"协同互动功能<br>• 学习管理与应用功能 | • 学习终端的便捷性、移动性<br>• 学习资源的多媒体化、多元化、微型化<br>• 支持服务的个性化、多样化 | • 低碳环保，便于携带<br>• 丰富的教学资源<br>• 具有网络、交互、多媒体等特征 |

图 3-1 电子书包的功能、特点和优势

2. 电子书包的应用

（1）电子书包在学校教育中的应用。电子书包在学校教育中的应用主要体现在两个方面：在课堂教学中的应用、在校园活动中的应用。

①电子书包在课堂教学中的应用。在课堂教学中，教师可以利用电子书包实现课堂同步教学，并即时掌握学生的学习情况；教师在线发布习题并进行批改，然后针对学生答题情况即时进行反馈。学生在教师的指导下，利用电子书包中丰富的学习资源和多元的学习工具展开小组学习。

②电子书包在校园活动中的应用。利用电子书包的移动便捷性，学生在校园中开展以行动为导向的体验学习和探究学习。在校园活动中，学生一般以小组形式进行，活动小组携带电子书包走出教室，利用电子书包采集数据，通过无线网络与教师、同学交流，最后进行成果展示与评价。

（2）电子书包在家庭教育中的应用。电子书包在家庭教育中的应用主要包括对学生家长的辅导和与学生家长的沟通。对学生家长的辅导是指在电子书包中增加一些家庭教育方面的内容，让学生家长学习更多家庭教育的方法，从而提高家庭教育的质量。另外，借助电子书包，教师和学生家长之间也可以实现更加便捷的沟通，从而在家校的协同下更好地促进学生的发展。

（3）电子书包在社会教育中的应用。电子书包在社会教育中的应用目前还不成熟，主要体现在社会培训机构中的应用，其效果也不太理想。因此，关于电子书包在社会教育中的应用，还有很长的路要走。当然，就目前的应用现状来看，电子书包仍旧在社会教育中发挥了一定的作用，这一点是毋庸置疑的。

由上文的论述可知，电子书包的应用领域除了学校教育外，还涉及家庭教育和社会教育，并且学校、家庭、社会三者之间彼此联系、相互协同，共同构成了一个基于电子书包的"家—校—社"协同教育模式，如图3-2所示。

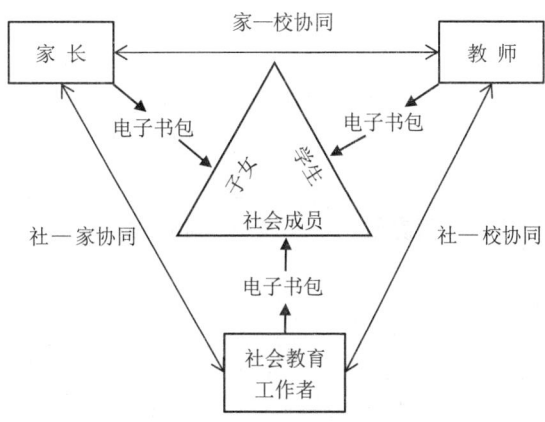

图3-2 基于电子书包的"家—校—社"协同教育模式

## 3.3 信息化教学环境

教学环境是影响教学活动的各种条件的总和,包括显性环境(学校中的物理设施)和隐性环境(教学氛围、教学规范、人际交往氛围等)。信息化教学环境则是指运用现代教育技术所创设的教学环境,是教育技术条件下硬件环境、时空环境等显性环境和文化、心理等隐性环境的总和。进一步来说,信息化教学环境有广义和狭义之分,广义的信息化教学环境是指信息化社会中与教育教学有关的各种要素所构成的教学环境,狭义的信息化教学环境则是指开展信息化教学的硬件环境。本节从狭义的角度着手,主要介绍四种信息化教学环境:多媒体教室、微格教室、自动录播教室、智慧教室。

### 3.3.1 多媒体教室

1. 多媒体教室简介

多媒体教室是由多媒体计算机、投影仪、投影屏幕、视频展示台、音响设备、中央控制系统等现代教学设备组成。多媒体计算机及网络是演示系统的核心,负责教学软件的运行和课件的播放;投影仪和投影屏幕是教学信息输出的主要设备;视频展示台可以进行实物、文字资料和图片的投影;音响设备实现音频的播放;中央控制系统用系统集成的方法,将多媒体教室中的所有设备操作集成在一个平台上,实现对多媒体教室中所有设备的管理和控制。

依据教学媒体数量多少、教学功能差异、媒体质量高低的不同,多媒体教室大致可分为三种类型:简易型、标准型、多功能型,不同类型的配置如表3-2所示。

表3-2 不同类型多媒体教室的基本配置

| 设备名称 | 数量 简易型 | 数量 标准型 | 数量 多功能型 |
| --- | --- | --- | --- |
| 投影屏幕 | 1 | 1 | 1 |
| 视频展示台 | — | 1 | 1 |
| 投影仪 | 1 | 1 | 1 |

续　表

| 设备名称 | 数量 | | |
|---|---|---|---|
| | 简易型 | 标准型 | 多功能型 |
| 多媒体计算机 | 1 | 1 | 1 |
| 互联网接入设施 | — | 1 | 1 |
| 中央控制系统 | — | 1 | 1 |
| 监视系统 | — | 1 | 1 |
| 录像机 | — | 1 | 2～3 |
| 功放 | 1 | 1 | 1 |
| 音响 | 1 | 1 | 2～3 |
| 音视频切换器 | 1 | 1 | 1 |
| 无线话筒 | — | 1 | 2 |
| 无线鼠标 | — | — | 1 |
| 激光教鞭 | — | 1 | 1 |
| 多功能讲台 | — | 1 | 1 |

2. 多媒体教室的功能

多媒体教室主要有以下功能。

（1）连接电视闭路系统，充分发挥电视媒体在教学中的作用。

（2）连接校内外网络，便于教师获取丰富的教学资源，并用于课堂教学之中。

（3）演示各类教学课件，包括文字类课件、图片类课件和视频动画类课件。

（4）播放教学录像，分析问题，进行自我评价和自我纠正。

（5）创设教学情境，激发学生学习兴趣，引导学生以小组合作的形式展开谈论和交流。

（6）利用计算机网络技术实现远程的音频、视频传输，实现教学资源的共享。

3. 多媒体教室的操作使用

在使用多媒体教室进行教学时，为了保证各种设备的正常运行，应按照说明书的说明进行操作。不同的多媒体教室在操作上存在一些差异，但大致可以按照以下步骤进行。

（1）接通系统总电源。

（2）接通中央控制系统电源以及其他设备的电源。

（3）利用控制面板切换音频、视频信号，展示教学课件（包括文字类课件、图片类课件和视频动画类课件），开始教学活动。

（4）教学结束后关闭系统。需要注意的是，由于投影机工作时产生了大量的热量，所以需要先关闭投影机，再关闭其他设备，等待大约5分钟，待投影机中的热量散出后，再关闭系统总电源。

### 3.3.2 微格教室

1. 微格教室简介

微格教室是指在装有电视摄像、录像系统的教室内，借助摄像机、录像机等媒体，进行教学研究和技能训练的教学环境，通常用于师范生和在职教师的教学技能训练。微格教室是一间专门化的教室，由准备室、观摩室、模拟室、控制间和声锁间组成，如图3-3所示。随着信息技术的发展，目前微格教室能够实现的功能也越来越多。

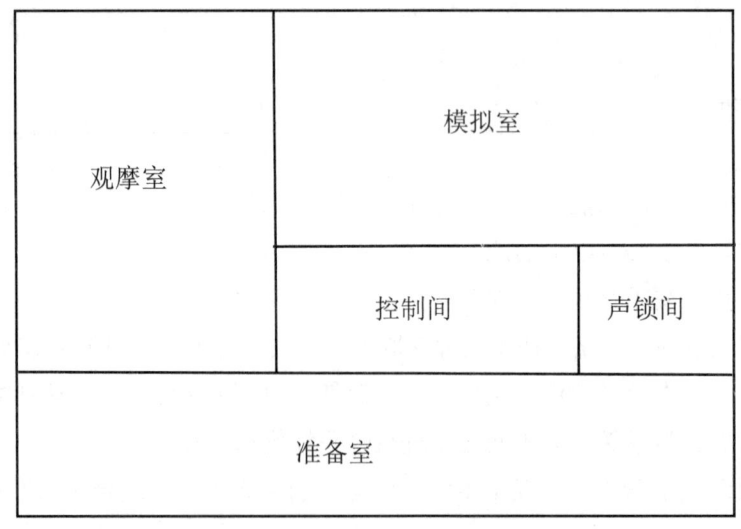

图3-3 微格教室的组成

2. 微格教室的功能

微格教室的功能主要体现在以下几个方面。

（1）即时反馈功能。微格教室的优点在于能够即时反馈。在微格教室中，能够对学员训练的情况进行录制并现场播放，这样可以使学员了解自身的情况，并做出自我评价，从而在自我反馈中实现自我完善。

（2）即时指导功能。指导人员根据学员的情况给予即时的指导，因为无论是师范生，还是在职教师，都可能会出现问题或知识上的"盲点"，所以指导人员的即时指导必不可少。

（3）双向交流功能。此处的交流包括三个方面：①本教室学员间的交流；②各教室学员间的交流；③指导人员与学员间的交流。通过学员与学员之间、指导人员与学员之间的交流，可以让学员进一步认识到自己的不足，从而进一步实现自我完善。

（4）远程评价功能。微格教室不仅能够实现本地的指导、交流和反馈，同时还具有远程评价的功能，实现了指导人员的异地评价。

3. 微格教学的实施步骤

微格教学就是借助微格教室开展的教学活动，通常是将学员（师范生或在职教师）分成若干小组，学员在教师的指导下将复杂的教学过程进行科学的细分，然后进行逐项训练，并对训练情况进行录制，学员和教师反复观看录制的视频，共同展开讨论和评价，以此来帮助学员掌握相关知识或教学技能。具体来说，微格教学的实施步骤如图 3-4 所示。

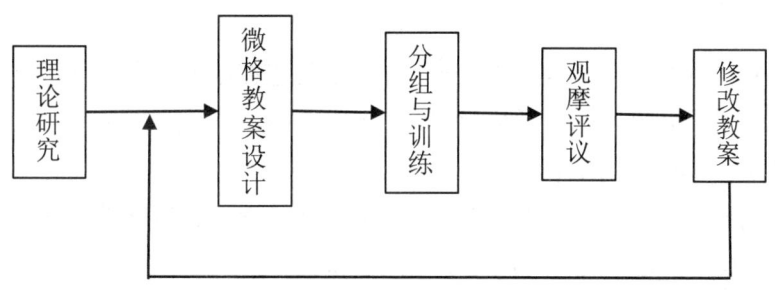

图 3-4　微格教学实施步骤

（1）理论研究。研究现代教育理念，并将其融入微格教学中，是实施微格教学的第一步。

（2）微格教案设计。在开展微格教学前，需要设计微格教案，其内容大致包括教学目标、教师的主要教学行为、对应的教学技能、学员的学习行为、仪器演示、教学媒体和时间分配等，如表 3-3 所示。

表3-3 微格教学教案设计表

| 执教者 | | 年级 | | 日期 | | 指导教师 | |
|---|---|---|---|---|---|---|---|
| 学科 | | | | 课题 | | | |
| 教学目标 | | | | | | | |
| 时间分配 | 教师行为（如知识讲授、提问等） | 应用的教学技能 | | 学生行为（如问题回答、活动参与等） | | 所用教具、仪器和媒体 | |
| | | | | | | | |

（3）分组与训练。对学员进行分组，一般每组在6人左右，且每组学员在层次上比较接近。分组后，在微格教室进行讲课训练，教师和学生都由学员扮演，每节微格教学的课程时间控制在10～15分钟。

（4）观摩评议。教学训练结束后，播放录像，学员和指导教师同时观看，并进行评议，找出不足，同时对优点予以肯定和表扬。

（5）修改教案。对教案进行修改，进入第二轮训练。

### 3.3.3 自动录播教室

1. 自动录播教室简介

自动录播教室是学校用于课堂教学、名师讲座、精品视频公开课录制等建设的专用场所，它能够对教学活动进行自动跟踪录制，并自动生成实况录像，生成的录像可以在互联网上重复观看。自动录播教室通常由视音频信号采集系统、摄像跟踪定位系统、录播控制系统三大部分组成，如图3-5所示，其全自动智能性主要体现在摄像跟踪定位系统和智能自动编辑系统上。

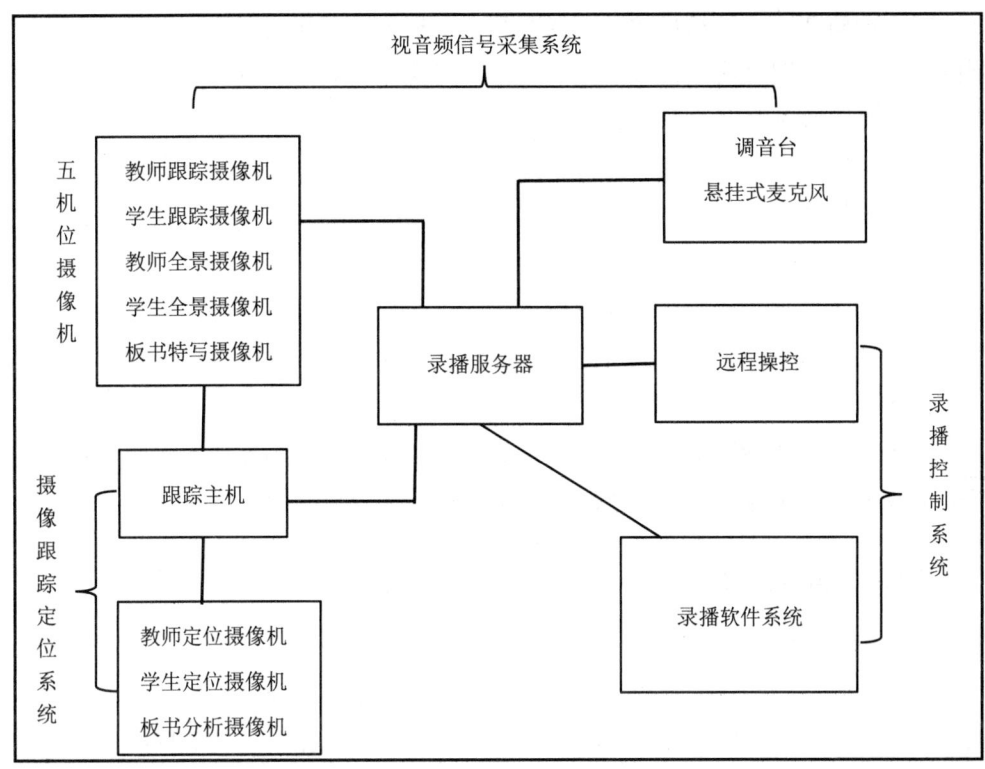

图 3-5　自动录播教室的组成

2. 自动录播教室的特点

自动录播教室具有以下特点。

（1）编辑简单。录制好的视频只需要进行简单的编辑即可，不需要复杂的编辑程序，可更加快速地进行后期视频处理。

（2）简单实用。自动录播教室基本实现了自动化，其系统操作非常简便，做到了一键式录播。

（3）画质高清。录制的视频具有高清画质，能够清晰地还原课堂教学情况。

（4）检测精准。自动录播教室可以实现自动化的精准跟踪录制，不会影响教师正常开展教学活动。

3. 自动录播教室的功能

（1）录制功能。自动录播教室最基本的功能就是录制视频，通常要满足实现全自动单画面录制模式、多画面资源录制模式等多种方式，并且支持多路视频和 VGA 信号。这些信号有多种组合方式，可以将教室内的场景（教师讲课画面、教师板书、学生反应等）通过摄像机等设备录制下来，并形成可以点播的多媒体文件。

（2）编辑功能。虽然自动录播教室基本实现了自动化，但有时也需要对其录制的视频进行后期处理，这就需要其具备编辑功能。对视频进行后期的编辑处理主要是为了使形成的文件内容更加丰富，如增加字幕、特效等。

（3）自动跟踪定位功能。在教学活动中，教师和学生是处于动态中的，这就需要自动录播教室具备跟踪定位的功能，从而精准捕捉教师和学生的行为，避免出现空镜头、空画面的情况。

（4）场景自动切换功能。在对教学活动进行自动录制的过程中，设备需要根据教学活动的实施情况灵活地对画面进行切换，这样可以更好地反映教学的动态过程，从而使录制的视频更加生动。

（5）网络直播点播功能。网络用户可以通过互联网、局域网等在线收看现场活动，也可以在线浏览录制的音视频文件。[①]

### 3.3.4 智慧教室

1. 智慧教室的总体框架

智慧教室是为教学活动提供智慧应用服务的教室空间及其软件、硬件设备的总和。智慧教室是多媒体和网络教室的高端形态，它主张借助物联网技术、云计算技术和智能技术等，旨在创建具有一定智慧（感知、辅助决策）的学习时空环境，从而促进教学效率的提高，促进学生全面、可持续发展。智慧教室的出现，无疑使课堂教学变得更加简单、智能和高效。

智慧教室的总体架构从低到高有四个层次：基础设施层、应用支撑层、综合管理层、综合服务层，具体内容如图3-6所示。

---

[①] 黄山涯，陈磊.录播教室的功能设计及其建设[J].实验室研究与探索，2010, 29(10): 378—380.

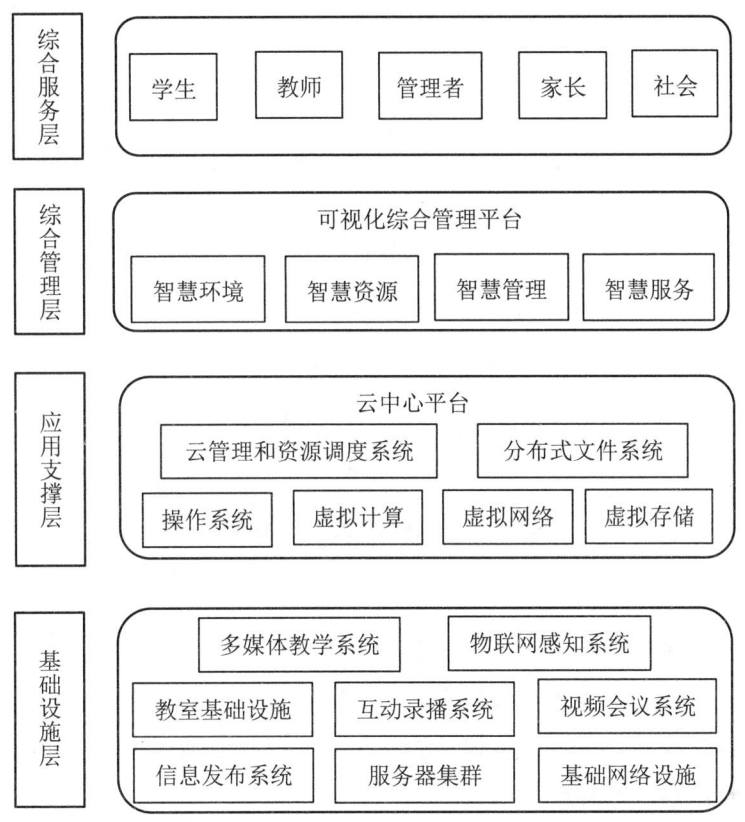

图 3-6 智慧教室总体架构

2. 智慧教室 SMART 模型

智慧教室的"智慧性"涉及教学内容的优化呈现、学习资源的便利性获取、课堂教学的深度互动、情境感知与检测、教室布局等多方面的内容，国内研究者将其概括为内容呈现（showing）、环境管理（manageable）、资源获取（accessible）、及时互动（real-time Interactive）和情境感知（testing）五个维度，简写为SMART，因此，可将其称为 SMART 模型，如图 3-7 所示。

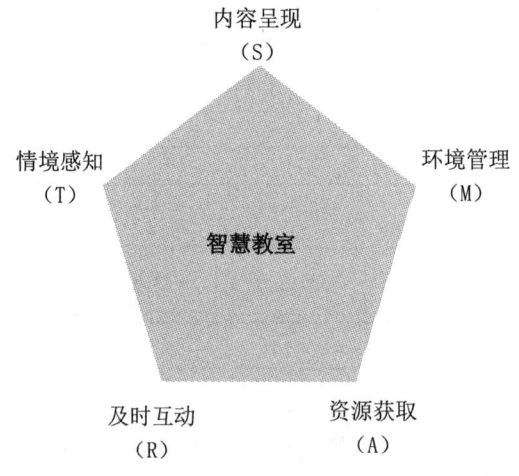

图 3-7 智慧教室 SMART 模型

### 3. 智慧教室建设原则

智慧教室的建设应遵循以下几点原则。

（1）稳定性原则。为了确保教学活动的顺利进行，在教学过程中应尽可能排除技术性干扰，为此，稳定性是智慧教室建设的第一原则。为了确保智慧教室的稳定性，需要做到以下两点。

①低耦合。降低对核心设备的依赖，降低各个模块间的耦合度，以此来分散风险，这样可以确保在部分模块失效的情况下，系统仍旧可以基本运行。

②简单化。系统设计在满足功能需求的基础上做到简单明确，避免过于复杂导致系统不稳定。

（2）兼容性原则。较强的兼容性能够延长系统的生命周期，因为这样可以避免部分模块的损坏而导致整体的更换，同时也可以避免部分模块升级而导致整体需要改造。

（3）经济性原则。智慧教室的建设需要考虑学校的经济情况，应充分考虑经济投入的合理性。

（4）简便性原则。简便性原则体现在安装、操作和维护升级三个方面。首先，系统安装应简便，无须耗费大量的时间和精力；其次，控制界面的操作应简便、快捷，便于教师使用；最后，维护升级（包括更换、添加设备）应简单、易操作。

## 思考与练习

1. 简答题

（1）简述教学媒体和信息化教学媒体的内涵，并阐述二者的区别。

（2）简述三种新型信息化教学媒体的特点。

（3）选择一种本校现有的信息化教学环境，并对其进行简要论述。

2. 技术实践活动

熟悉各种信息化教学媒体的操作。

# 第 4 章　信息化教学资源的获取与处理

### 学习目标

★ 了解信息化教学资源的概念、类型和特点，并熟悉常用的几个网络教育资源平台。

★ 熟悉资源编辑软件的功能和作用。

★ 学会获取文本、图像、音频、视频等信息化教学资源，并能够运用编辑软件对上述资源进行处理。

## 4.1　信息化教学资源阐述

### 4.1.1　信息化教学资源的概念

教育资源是指支持教育的所有资源，包括教学资料、支持系统和教学环境等。信息化教育资源则是指在信息技术环境下承载教育信息的各种资源，也就是以数字信号形式存在的教学材料，包括教师教学过程中以及学生学习过程中所需要的各种数字化的教学资料、支持系统以及教学环境等。

### 4.1.2　信息化教学资源的类型

关于信息化教学资源的分类，目前还没有形成一个统一的分类体系。本书站在综合性的角度上，将信息化教学资源分为媒体素材、电子教材、电子图书、教学课件、教学案例、网络课程、教学工具、专题学习网站、虚拟仿真系统九类，具体内容如表 4-1 所示。

表4-1　信息化教学资源的分类

| 类型 | 详细内容 |
| --- | --- |
| 媒体素材 | 主要指教学过程中使用的多媒体材料,包括文本、图像、音频、视频等。媒体素材是承载教学信息的基本单元,也是教学课件、网络课程等教学资源组成的重要组成元素 |
| 电子教材 | 电子教材是一类遵循学生阅读规律、利于组织学习活动、符合课程目标要求的电子书或电子读物,具有交互性、共享性、开放性等特征 |
| 电子图书 | 电子图书是指借助数字化技术形成二进制数字编码形式的,以计算机文件为载体并通过计算机、手机、平板电脑等数字终端设备显示的图书。电子图书不仅有文本形式,还有声音、视频和动画形式,内容丰富,形式多样 |
| 教学课件 | 教学课件是根据教学大纲要求,通过分析教学目标、教学内容、教学活动规律,并借助信息化媒体制作而成的相关教学资料 |
| 教学案例 | 教学案例是指真实而又典型且具有指导意义的教学事件。教师可借助信息化媒体优化教学案例的结构,形成信息化教学资源 |
| 网络课程 | 网络课程是指在现代教育理论指导下通过网络实施的课程,是为实现某学科领域的课程目标而设计的网络学习环境中的教学内容的总和 |
| 教学工具 | 教学工具是指辅助学习者完成对信息的收集、处理和表达,并有助于促进学习者认知、思考和探究的工具 |
| 专题学习网站 | 专题学习网站是指在互联网环境下,利用网站的功能模块,围绕某一专题进行详细且深入的资源建设,以便于学习者进行深入研究的资源学习型网站 |
| 虚拟仿真系统 | 虚拟仿真系统是指运用虚拟仿真技术开发的,用于特定技能训练的软件,如数控仿真系统 |

### 4.1.3　信息化教学资源的特点

信息化教学资源是指经过数字化处理,能够在数字化平台上呈现的教学资源,具有信息处理数字化、信息传输网络化、信息呈现多媒体化和信息组织超文本化四个特点。

1. 信息处理数字化

为确保信息化教学资源能够在数字化平台上稳定地呈现,文本、图像、音频、视频等信息化教学资源都需要经过转换器抽样量化,将模拟信号转变为数字信号。因为数字信号比模拟信号的稳定性更高,所以信息化教学资源的整体质量可以得到一定的提升。

## 2. 信息传输网络化

信息化教学资源可以借助网络进行远程传输，学习者可以在任何地方借助网络终端获取教学资源，这使得教学资源能够打破时空限制，实现教学资源的共享，同时还能够满足学习者个性化学习、自主学习的需求。

## 3. 信息呈现多媒体化

借助信息化教学媒体，信息化教学资源的呈现方式变得更加丰富，这使得抽象的教学内容变得更加形象，增加了教学的趣味性，对提升学生的学习兴趣，加强学生对知识的理解和认知具有积极的作用。

## 4. 信息组织超文本化

超文本结构是按照人的联想思维方式组织管理信息的一种非线性呈现技术，这种信息呈现方式更符合人类的认知规律，所以便于学生联想思维的产生。另外，超文本结构信息具有动态性的特征，便于学生结合自身认知特点以及自身学习的步调重构信息，从而促进个性化学习的实现。

### 4.1.4 网络教育资源平台

互联网为教育者和学习者提供了丰富的教学资源，教育者可以通过互联网获取信息化教学资源，用于自身的教学工作；学习者同样可以通过互联网获取信息化教学资源，用于自身的学习。我国非常重视信息化教学资源的建设，如今已经形成了丰富的网络教育资源平台，下面便介绍几种典型的网络教育资源平台。

#### 1. 国家级教育资源平台

国家级教育资源平台是由中央政府建立的，旨在为广大教育者和学习者提供各种教育资源。下面简要介绍几个国家级教育资源平台。

（1）国家教育资源公共服务平台。国家教育资源公共服务平台（https://www.eduyun.cn）是由中华人民共和国教育部主办的教育资源中心，该平台提供资源下载和上传服务，强调以学习空间为核心的资源推送，把不同用户所需要的资源送入不同的个人空间，以教师的教学空间应用带动学生、家长和学校的应用，在"宽带网络校校通"的基础上，促进"优质资源班班通"和"网络学习空间人人通"。该平台首页如图 4-1 所示。

第 4 章 信息化教学资源的获取与处理

图 4-1 国家教育资源公共服务平台首页

（2）国家精品在线开放课程平台。为了全面提高教育教学质量，推进教育公平，教育部在建设国家精品课程的基础上推出了国家精品在线开放课程，并借助网络平台实现了资源共享。以中国大学 MOOC（https://www.icourse163.org）为例，该平台是由网易与高等教育出版社携手推出的在线教育平台，承接教育部国家精品开放课程任务，向大众提供中国知名高校的 MOOC 课程。该平台具有丰富的名师名校课程，每一个想要提升自己的人都可以在这里免费获取优质的教育资源。该平台首页如图 4-2 所示。

图 4-2 中国大学 MOOC 首页

## 2. 区域教育资源平台

区域教育资源平台一般由地方教育行政部门统筹规划，通过协调当地的优质教育资源，并借助网络平台实现资源共享，进而形成多功能、多层次的教育资源服务体系。区域教育资源平台的构建有利于形成具有区域特色的教育资源库，从而让区域信息化教育资源更加丰富和集中。

## 3. 自建教育资源平台

自建教育资源平台主要有学校自建教育资源平台和商业自建教育资源平台两类。学校自建教育资源平台通常依托本校的校园网，自行开发适合本校的教育资源，同时也会购买其他学校或机构的优质教育资源，用于服务本校师生。商业自建教育资源平台通常由企业构建，企业向学校、科研机构采集优质教育资源，开发建设教育资源库，并面向全社会提供教育资源服务。例如，中国知网（https://www.cnki.net）便是商业自建教育资源平台，其首页如图4-3所示。

图4-3　中国知网首页

# 4.2　文本资源的获取与处理

## 4.2.1　文本资源的获取

文本资源的获取方法很多，常见的有以下几种。

### 1. 键盘输入法

键盘输入法是最早采用的文本输入方法，是指按照编码规则利用键盘输入文本的一种方法。英文字符可直接输入，汉字则需要先对汉字编码，然后根据汉字的基本形状编码或读音输入，目前常用的汉字输入法有拼音输入法、五笔字型输入法等。随着输入法产品的迭代，其功能变得越来越丰富。

2. OCR 文字识别输入法

有时人们需要录入大量的文本，如果仍采用手工录入的方式，无疑会浪费大量的时间。此时，就需要采用扫描转换的方式，提高文本录入的效率。利用 OCR 技术便可以将图片中的文字内容直接转换成可编辑的文本。基于 OCR 技术研发的软件种类很多，目前常见的有汉王 OCR、清华 TH-OCR、尚书 OCR 等。

3. 语音输入法

语音输入法是将声音输入计算机后转换成文字的一种输入方法。相较于键盘输入法而言，利用语音识别技术，可以进一步提高文本输入的效率。语音输入法在硬件方面有一定的要求，需要计算机配备声卡和录音设备，软件上则需要安装语音识别类的软件。目前常见的语音识别软件有讯飞语音输入法、百度语音识别、天信语音识别系统等。

4. 手写识别输入法

手写识别输入法是一种用特制感应书写笔在与计算机接口相连的手写板上书写文字来完成文本输入的方法。手写识别输入法符合人们用笔手写的习惯，人们只需要按照平常的书写习惯书写文字即可，无须进行学习和训练，但由于人们的手写速度有限，所以输入效率一般较低。

5. 从网页中获取

在网站中有很多可供教师利用的文本资源，教师可以结合其教学需求直接从网页中获取。需要注意的是，在获取相关文本资源时，教师需要遵守版权法的规定，尊重他人的知识产权。从网页中获取文本资源的方法很多，如直接复制、保存网页等。网页中的文字资料大多包含格式控制符，为了方便资料的整理，在导出资料后通常需要对其进行一定的处理，以消除其原有格式。

## 4.2.2 文本资源的处理

在获取文本资源后，通常需要对文本资源进行一定的处理，目前常用的处理方式有以下几种。

1. 用文字软件处理

文字软件可以对文本的内容、版式、属性等进行编辑，目前常用的文字处理软件有 Microsoft Word、WPS Office 和 Adobe Acrobat。

（1）Microsoft Word

Microsoft Word 是 Microsoft Office 的重要组件，具有强大的编辑排版功能，其操作界面设计精良，用户可以根据自身的需要编辑文档（包括制作表格、插入声音和图画），能够满足用户文本编辑的基本需求。

（2）WPS Office

WPS Office 是由金山软件股份有限公司从中国用户特点出发，自主研发的一款办公软件套装，其功能非常强大，方便实用。由于其操作设计是从中国人的思维模式出发，所以更能满足中文办公的需求，深受国人的欢迎。

（3）Adobe Acrobat

Adobe Acrobat 是由 Adobe 公司开发的一款 PDF 编辑软件，具有转换 PDF 文档、编辑 PDF、打印 PDF 等功能。借助该软件，用户可以以 PDF 的格式制作和保存文档，方便用户浏览和打印。

2. 用多媒体课件开发工具处理

常用的多媒体课件开发工具有 PowerPoint、Flash 等，利用这些工具可以对文本资料进行编辑和设计，如图 4-4 所示，该图便是利用 PowerPoint 设计的文本。

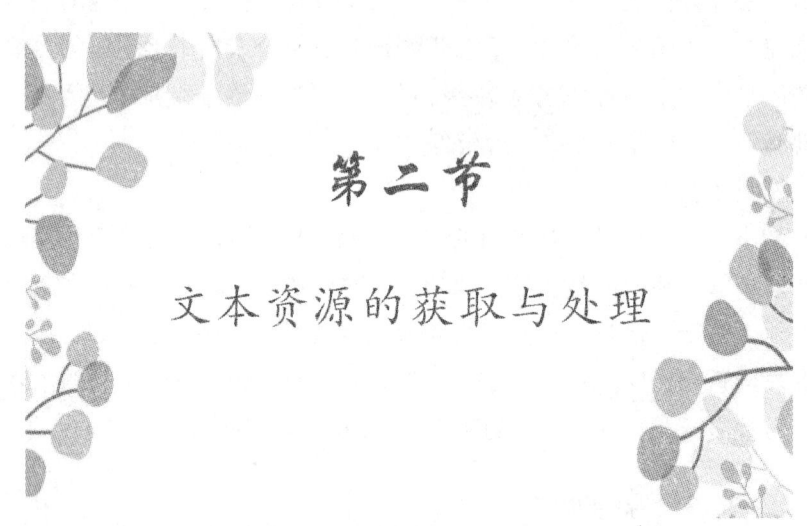

图 4-4　利用 PowerPoint 设计的文本

3. 用图像处理软件处理

利用图像处理软件可以对文字进行特殊效果的处理，如变形字、渐变字、立体字等，同时还能够将文本处理成图像格式，由于是图像格式的，所以不受文本样式的限制。

## 4.3 图像资源的获取与处理

### 4.3.1 图像资源的获取

图像资源获取的方式主要有以下几种。

1. 从网络上获取

网络上有着丰富的图像资源，教师可以根据需要从网络上搜索和下载相应的图像资源。比如，利用搜索引擎在网络上进行搜索，寻找自己需要的图像。此外，还可以从一些专门的图像网站中获取图像资源，如千图网、摄图网等。

2. 利用拍摄设备获取

教师可以利用拍摄设备获取各种图像资源，然后再将图像资源上传到计算机中使用。常用的拍摄设备有手机和数码相机。手机使用起来非常方便，但像素较低，不过随着智能手机摄像技术的发展，像素越来越高，已经能基本满足拍摄的需求。数码相机具有更加丰富的拍摄功能，像素高、成像稳定，当对图像要求较高时，可以选用数码相机拍摄。

3. 从屏幕中捕捉获取

当计算机屏幕上的图片无法用常规途径下载时，可以用屏幕截图的方式获取图像。目前常用的屏幕截图方法有以下几种。

（1）利用键盘上的截图快捷键。利用键盘上的 Print Screen 键可以实现全屏截图，操作简单，效率高。利用 Alt+Print Screen 键可以截取当前的活动窗口。

（2）利用专门的屏幕抓取软件。专门的屏幕抓取软件（如 FastStone Capture）不仅能够获取屏幕上的信息形成图像，而且还可以对图像进行编辑处理，便于用户操作。

（3）利用浏览器自带的截图功能。很多浏览器都带有截图功能，在浏览网页时，可以利用浏览器的截图功能获取自己需要的图像。

（4）利用常用软件中的截图功能。有些常用软件中也带有截图功能，如一些即时通信软件便具有"屏幕截图"的功能，用户可以利用此类软件获取需要的图像。

4. 利用扫描仪获取

有时我们需要将书籍中的图像资料放到多媒体课件中，而通过拍摄的方式并不能获得清晰的图像，此时便可以利用扫描仪获取书籍中的图像资料。

5. 利用图像（图形）处理软件获取

教师可以利用一些图像处理软件自制教学所需要的图像，如 Photoshop、CoreIDRAW、Fireworks 等软件。此外，还可以借助思维导图软件制作需要的图形，如百度脑图、XMind 等软件。如图 4-5 所示，该图便是借助百度脑图绘制的一个思维导图。

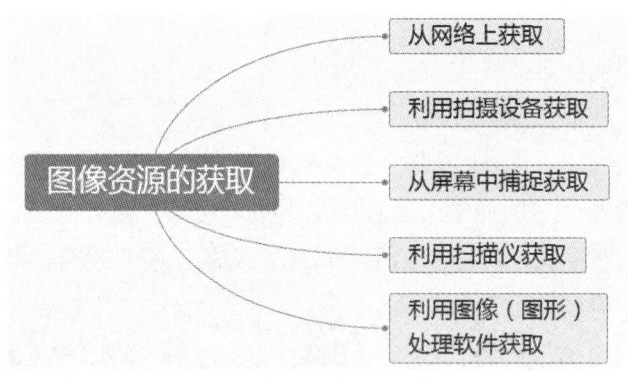

图 4-5　利用百度脑图制作的思维导图

## 4.3.2　图像资源的处理

图像资源具有直观、形象等特点，能够辅助学生更好地分析和理解教学内容。在获取图像资料后，有些可以直接运用到多媒体课件中，有些则需要做进一步处理。图像处理类的软件有很多，如 PhotoShop、ACDSee、美图秀秀等（下面的论述中以 PhotoShop 软件为例）。对图像资源的处理一般包括以下几个方面。

1. 图像的基本处理

图像的基本处理包括调整大小、调整分辨率、调色、角度矫正等，这些处理需求可通过 PhotoShop 软件"图像"菜单栏中的功能去实现。比如，可通过"图像—调整"下拉菜单中的亮度/对比度、色阶、自然饱和度等功能区调节图像的亮度、色彩等，如图 4-6 所示。

第 4 章　信息化教学资源的获取与处理

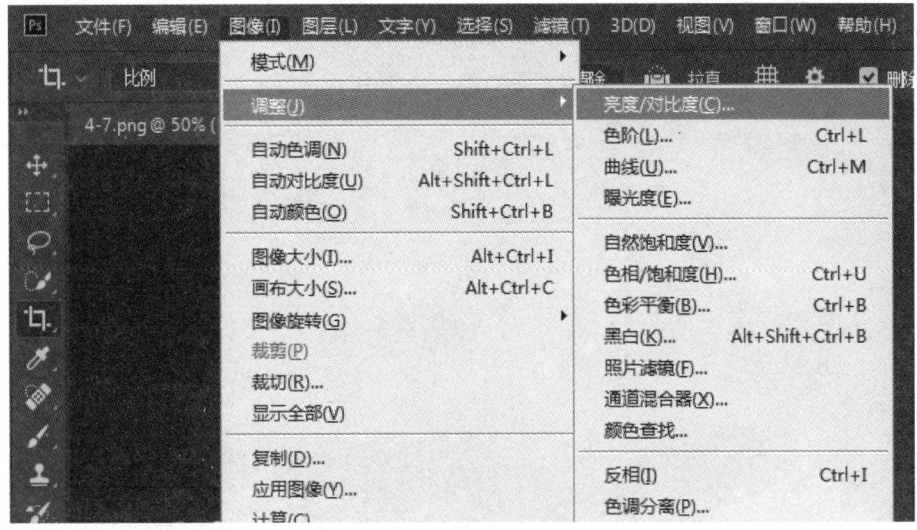

图 4-6　"图像—调整"下拉菜单

2. 图像剪裁

在使用图像资源时，有些图像的尺寸、内容或色彩不符合教学的需求，这就需要对图像进行剪裁。PhotoShop 软件具备图像剪裁的功能，在"图像"一栏中，找到"剪裁"功能，根据教学需求剪裁图像即可。如图 4-7 所示，左起第二张图片便是使用 PhotoShop 软件剪裁后的效果。

图 4-7　图像剪裁效果图

3. 图像效果处理

有时为了使图像资料的内容显示更加丰富，会对图像进行一定的效果处理，处理效果依据具体需要而定。PhotoShop 软件具备图像效果处理的功能，如图 4-8 所示，该图便是利用 PhotoShop 软件对图像增加了光晕效果。

图 4-8 图像效果处理图

## 4.4 音频资源的获取与处理

### 4.4.1 音频资源的获取

音频资源获取的方式主要有以下几种。

1. 从网络中下载

网络中有着丰富的音频资源，我们可以结合自身的需求搜索相关音频资料并下载。常用的音频软件有 QQ 音乐、网易云音乐、酷狗音乐等，一般按照其下载提示信息，都可以获取需要的音频文件。

2. 用录音设备录取

我们可以用手机、计算机等设备上自带的"录音机"去录取音频，也可以用专门的录音软件或录音笔去录取音频。

3. 从视频文件中提取

如果需要从视频文件中提取音频资源，可以利用录音设备录取，也可以利用格式转换软件将视频文件转换成音频文件。

### 4.4.2 音频资源的处理

在处理音频资料时，需要用到专门的音频处理软件，目前常用的音频处理软件有 Adobe Audition、GoldWave、Audacity 等。下面，以 Adobe Audition 软件为例做简单介绍。

Adobe Audition 是由 Adobe 公司开发的一个专业音频编辑软件，该软件最多可混合 128 个声道，可编辑单个音频文件，创建回路并可使用 45 种以上的数字信号处理效果。Adobe Audition 的工作界面如图 4-9 所示。

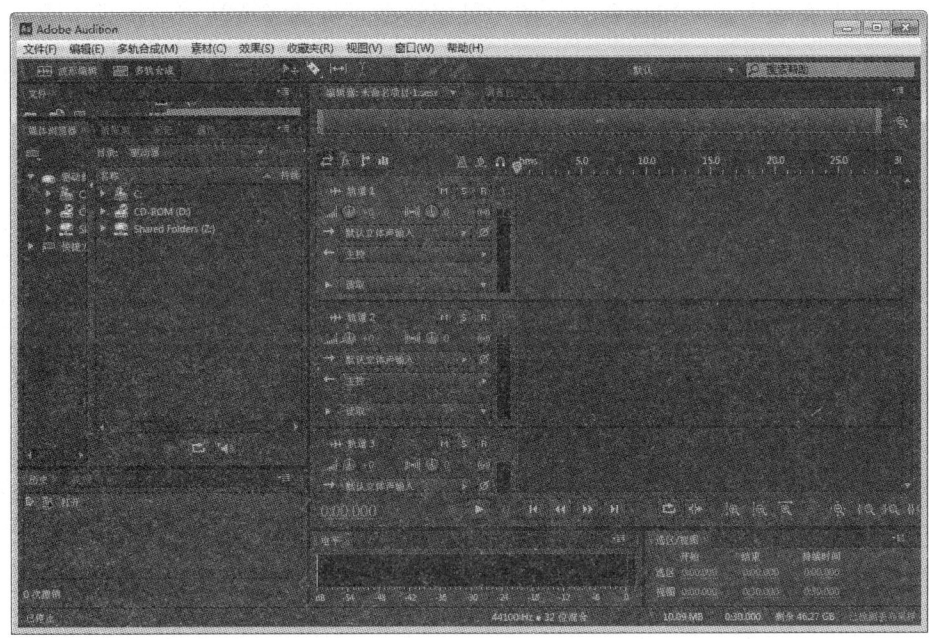

图 4-9　Adobe Audition 工作界面

利用 Adobe Audition 软件，可对音频资源做以下处理。

（1）声音移除。可以将音频资源中不需要的声音移除。

（2）生成噪音。可以生成各种颜色（灰色、白色、棕色等）的随机噪音，并且噪音在生成之后可以自动插入音轨。

（3）立体声扩展。可以定位并扩展立体声声像。

（4）爆音消除。可以消除音频资源中的爆音（如轻微嘶声、麦克风爆音等）。

（5）变调器效果。可以随着时间改变节奏以改变音频。

（6）音高换挡器效果。可以改变音乐的音调，这是一个实时效果，可以与母带处理组或效果组中的其他效果相结合。

## 4.5 视频资源的获取与处理

### 4.5.1 视频资源的获取

视频资源获取的方式主要有以下几种。

1. 网络下载

网络上有着丰富的视频资源，用户可以根据自身的需要从网上搜索下载相关视频资源。在搜索视频资源时，可以从网页上搜索，也可以从专门的视频网站搜索，如优酷网、腾讯视频等。为了提高下载速度，可安装专门的下载软件，如迅雷、电驴等软件。

2. 录屏软件录制

借助录屏软件可以将计算机屏幕的操作和演示内容以视频的形式录制下来，便于学习者课后重复观看。录屏软件的种类很多，如超级捕快、Camtasia Studio、超级录屏等。利用录屏软件，教师可以将计算机屏幕操作和演示中的重要内容录制下来，并制作成微课，用于翻转课堂或网络教学。

3. 摄像设备拍摄

利用摄像设备拍摄是获取视频资源的一个重要途径，尤其在智能手机普及的今天，利用手机拍摄视频已经变得非常便捷。但当对视频质量要求较高时，便需要用摄像机拍摄。

4. 视频片段截取

有时我们需要从视频资源中截取一个片段，此时便可以借助视频编辑软件实现。常用的视频编辑软件有会声会影、Adobe Premiere、Edius 等。

### 4.5.2 视频资源的处理

有些视频资源可以直接运用到教学中，有些则需要做进一步的处理，这就需要用到专业的视频后期编辑软件，如会声会影、Adobe Premiere、Edius 等。在此，以 Adobe Premiere 为例做简要介绍。

Adobe Premiere 是 Adobe 公司推出的一款视频编辑类软件，能够对文本、图片、音频、视频等进行编辑。Adobe Premiere 提供了采集、编辑、调色、优化视频、字幕添加、输出等一套流程，且兼容性较强，深受视频编辑爱好者和专业人士的欢迎。Adobe Premiere 的操作界面如图 4-10 所示。

## 第 4 章　信息化教学资源的获取与处理

图 4-10　Adobe Premiere 操作界面

在视频资源处理上，Adobe Premiere 主要具有以下几方面的应用。

（1）剪辑视频素材。可以使用时间线、剪切窗等功能对视频进行编辑，能够提高编辑效率。

（2）在视频切换中间增加一些效果。在 Adobe Premiere 软件里，有 74 种切换效果，用户可结合自身的需要进行选择。

（3）给视频素材增加特技效果。Adobe Premiere 提供了丰富的特技效果，如过滤、叠加、切换、变形等，用户可给视频增加其中的一种或几种。

（4）给视频增加字幕、音效、图标及其他视频效果。此外，还可以给视频配音，并对音频素材进行编辑，使音频和视频同步。

### 思考与练习

1. 简述信息化教学资源的概念与类型。
2. 将任意两个声音素材合成到一起。
3. 用 PhotoShop 软件对一张图片进行剪裁和效果处理。
4. 用 Adobe Premiere 软件给一个视频文件增加一个转场，并配上背景音乐。

# 模块三 课程与教学

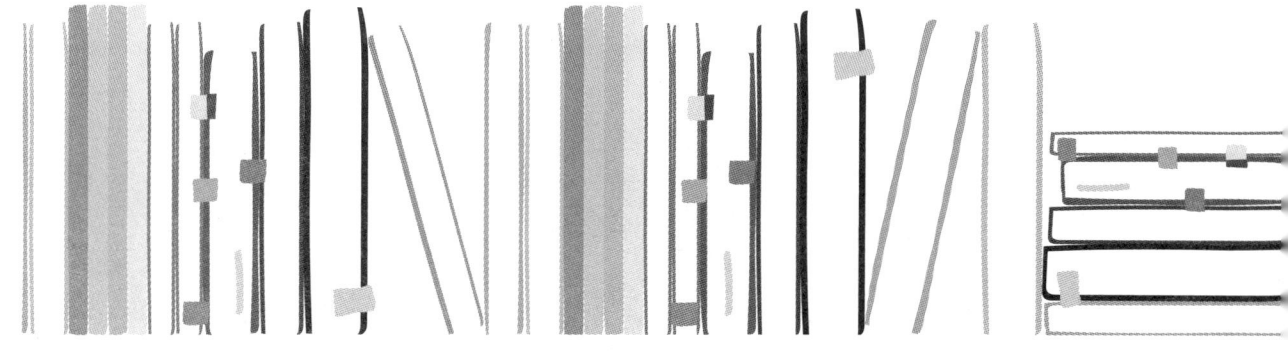

# 第 5 章　多媒体课件与微课

### 学习目标

★ 了解多媒体课件的概念、特点、类型与结构。
★ 熟悉多媒体课件的设计与制作。
★ 熟悉微课的设计与制作。

## 5.1　多媒体课件阐述

### 5.1.1　多媒体课件的概念与特点

1. 多媒体课件的概念

多媒体课件是课件的重要组成部分,是指把文字、图形、图像、动画、声音和视频等多种媒体按照一定的教学目标和教学方式进行集成和整合的课件。随着多媒体技术的发展和智慧教室的普及,多媒体课件在教学中的应用也越来越普遍,其对教学课堂的优化、教学效率的提高起到了非常积极的促进作用。

2. 多媒体课件的特点

(1) 丰富的表现力。多媒体课件可以将多姿多彩的视听世界生动、逼真地表现出来,可以对抽象的事物进行形象、直观的表达,可以对微观的事物(尤其是肉眼不能察觉到的事物)进行模拟和演示,可以将复杂的过程简单化,这些都是多媒体课件丰富表现力的体现。在具体的教学中,教师可以结合教学内容的需求,将文本、图像、声音、动画等资源融入教学内容中,化静态为动态,化抽象为具体,从而激发学生的学习兴趣,并帮助学生更好地理解知识,进而促进教学效率的提高。

(2) 良好的交互性。多媒体课件的交互性体现在它可以提供人机交互的学习环境。在这个环境中,教师起引导作用,而学生在教师的引导下,利用多媒体课件进行学习,学生不必再被动地服从,而是可以结合自身的学习兴趣和学习步调选择适合自己学习的内容。这样有助于发挥学生的主观能动性,并有助于满足学生个性化学习和自主学习的需求。

（3）灵活的控制性。多媒体课件对教学信息的呈现非常灵活，包括对教学内容的呈现、教学信息呈现的顺序等，都可以进行控制，学习者可以结合自身的认知特点灵活地进行控制，完成教学目标。

（4）极强的共享性。在信息化时代，借助互联网可以实现信息的共享，多媒体课件同样可以通过网络实现资源的共享，且不受时间和空间的限制。多媒体空间极强的共享性对推动教学公平具有重要意义。

### 5.1.2 多媒体课件的分类

从不同的角度出发，多媒体课件有不同的分类，在此，主要从运行环境和教学功能两个角度着手。

1. 依据运行环境分类

依据运行环境的不同，可将多媒体课件分为单机型多媒体课件和网络型多媒体课件。

（1）单机型多媒体课件。单机型多媒体课件可以在无网络连接的情况下运行，使用非常广泛，一般存储在U盘、光盘、移动硬盘中。目前常用的开发工具有几何画板、PowerPoint、Focusky等。

（2）网络型多媒体课件。网络型多媒体课件需要在网络环境下运行，是为了配合教学活动而开发的教学辅助软件。网络型多媒体课件具有开放性、灵活性、交互性、共享性等特点。

2. 依据教学功能分类

依据教学功能的不同，可将多媒体课件分为课堂演示型课件、自主学习型课件、模拟实验型课件、练习和检测型课件、问题求解型课件、教学游戏型课件和资料工具型课件七种类型。

（1）课堂演示型课件。课堂演示型课件以教师演示为主，教师利用课件展示和讲解知识，让学生认识到知识的内在规律。

（2）自主学习型课件。该类型的课件具有完整的知识结构，能够反映一定的教学过程和教学策略，同时还能够结合学习者的学习情况予以评价，并设计友好的界面让学生进行人机交互活动。

（3）模拟实验型课件。模拟实验型课件能够借助计算机仿真技术模拟真实的情境，学生可以在模拟的情境中学习知识或进行探究活动。

（4）练习和检测型课件。练习和检测型课件主要用于学习者的练习和检测，目的在于巩固、强化学习者的知识和能力。

（5）问题求解型课件。问题求解型课件主要是通过问题的形式来训练、强化学生某方面的知识和能力。这种类型的多媒体课件在设计时要保证具有一定比例的知识点覆盖率，以便全面地训练和考核学生的能力水平。

（6）教学游戏型课件。通过游戏的形式使学生理解并掌握知识，这种寓教于乐的课件有助于调动学生的学习兴趣和主观能动性。

（7）资料工具型课件。资料工具型课件可以为学生提供大量的资料，学生可结合自身需求检索自己需要的资料。

### 5.1.3 多媒体课件的结构

多媒体课件的结构体现了设计者制作课件的思路，在很大程度上影响着教学，因此，设计好多媒体课件的结构至关重要。目前，常见的多媒体课件结构主要有线性结构、分支交互型结构、模块型结构和积件型结构四种。

1. 线性结构

线性结构是指按直线方式运行的结构，该结构没有分支，制作相对简单，常用于欣赏类、演示类等教学活动中。

2. 分支交互型结构

分支交互型结构课件的运行不是按照直线方式运行，而是在运行的过程中可以跳转到某个分支上，课件灵活性更强，而且更符合人的思维习惯，使用非常普遍。

3. 模块型结构

模块型结构课件可分为主控模块和多个功能模块，主控模块控制功能模块，功能模块负责内容展示。功能模块可依据所呈现内容的需求进一步分为更加细小的模块。

4. 积件型结构

积件型结构课件本质上不是用来完成较大的多媒体课件的制作，而是通过制作许多小知识点的"微型元件"形成微型课件资源库，当需要某些元件时，将其拿出重组即可。

## 5.2 多媒体课件的设计与制作

### 5.2.1 多媒体课件的设计

1. 多媒体课件设计的基本原则

（1）教育性原则。多媒体课件应用的目的在于优化课堂结构，提高教学效率，所以教育性原则是首要原则。具体而言，其教育性原则主要表现在以下几方面。

①以教学大纲为指导，根据教学目标去表现教学内容。

②充分发挥多媒体课件的交互性，提高学生学习的主观能动性，促进学生的个性发展。

③在使学生掌握知识的基础上，促进学生综合素养和综合能力的发展。

（2）科学性原则。用于教学的多媒体课件必须秉承科学性原则，不能出现错误。具体而言，其科学性原则主要体现在以下几方面。

①教学内容无误，资料引用准确，问题表述正确。

②涉及的文字、图表、公式等要标准、规范。

③各知识点之间能够建立联系，形成完整的知识结构体系。

（3）技术性原则。技术性原则是指多媒体课件能够流畅、稳定地运行，有交互性界面，便于用户操作使用。此外，多媒体课件还应该具有一定的兼容性，在脱离其制作平台后，可以在其他计算机上运行。

（4）艺术性原则。艺术性原则是指多媒体课件在内容呈现上应符合审美规律，背景音乐设置合理，声音与画面同步，甚至能够相辅相成，从而对学习者产生一定的吸引力。

2. 多媒体课件设计的系统结构设计

（1）多媒体课件的总体结构设计。从外在表现结构来看，多媒体课件如同一本书或一部电影，由许多画面组成，这些画面被称为框画，而框画又分为封面、扉页、菜单、内容、说明（帮助）和封底六个部分，这六个部分也是多媒体课件总体结构设计的重要内容。

①封面：指多媒体课件运行时出现的第一幅画面，通常以几秒钟的视频形式出现，其内容一般为课件的总名称。

②扉页：指封面后的下一幅框画，通常为目标或次一级课件名称。

③菜单：类似于图书的目录，供学习者选择学习的内容。

④内容：指呈现教学内容的部分，是课件的核心部分。

⑤说明（帮助）：指一些帮助使用者操作课件的说明性信息框画。

⑥封底：最后一幅框画，其内容一般为课件制作人员名单。

（2）多媒体课件的内容结构设计。多媒体课件的内容结构主要包括引入、指导和练习三个部分，这也是多媒体课件系统结构设计的重要内容。

①引入部分。引入部分的目的在于引导学生顺利进入后面内容的学习，该部分主要包括以下内容：确认学生是否具备完成本单元知识学习的基础；列出本单元的学习目标和主要学习内容；进行预备性测试，即通过测试了解学生的情况，如果测试结果显示学生还需要补充哪些内容才能完成本单元的学习，那么系统运行流程会发生变化，转向辅助学习系统。

②指导部分。指导部分主要分为主指导和补充指导两项内容。主指导指必须学习的内容，包括概念、法则、理论等基本内容；补充指导是在主指导基础上进行的某种补充。

③练习部分。练习部分也分为主练习和补充练习两项内容。主练习的目的是让学生完成对知识的巩固；如果学生在完成主练习后没有达到预期的效果，则可以进行补充练习。

### 5.2.2 多媒体课件的制作

1. 多媒体课件制作的步骤

多媒体课件的制作步骤包括确定选题、教学设计、软件系统设计、脚本编写、素材选择、编辑制作、试运行与评测、效果评价、利用课件教学、终结性评价等步骤，如图 5-1 所示。

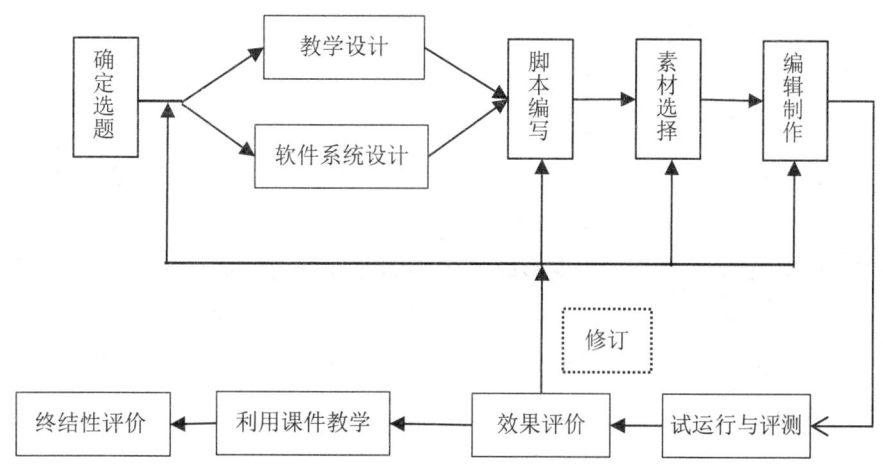

图 5-1 多媒体课件制作的步骤

（1）确定选题。在确定选题时，可从以下四个方面进行思考。

①教学要求。结合教学目标以及教学内容确定选题。

②教学对象。结合学生的知识水平（包括计算机操作水平）和学习能力确定选题。

③课件运行环境。明确多媒体课件运行所需要的环境，包括硬件环境、软件环境和课件播放环境。

④课件的组成部分。了解课件的类型和主体结构，明确主模块和各模块间的关系。

（2）教学设计。多媒体课件的教学设计包含教学内容确定、教学单元划分、教学模式选择、学生情况分析、多媒体信息选择、知识结构建立和练习设计等。

（3）软件系统设计。软件系统的设计主要包括以下几方面内容。

①软件的选择。依据多媒体课件教学设计的要求，选择适合的工具软件。

②封面设计。封面用于说明多媒体课件所包含的主要内容，需要引起教师的关注。

③建立不同单元间的层次结构。在分析教学目标和教学内容的基础上，将各单元之间联系起来，形成知识以及目标层次结构图。

④构建教学单元的超链接。超链接可以让学生通过点击文字或图像内容实现跳转，它能够从某个具体的信息跳转到与其相关的另一个信息上，使知识点之间的逻辑关系、层次关系以及连接关系形成一个非线性的机构。[1]

（4）脚本编写。脚本编写是由教师按照教学要求和教学思路对课件的教学内容和教学过程进行描述的一种方法，这也是课件开发和制作的一个重要依据。脚本编写的工作就是规定计算机向学生传递什么信息、从学生学习的过程中捕捉到信息后如何判断和反馈。

（5）素材选择。教师应认真选择素材资源，包括文本、图片、音频、视频等素材资源，以使课件内容丰富多彩。

（6）编辑制作。教师利用制作工具对上述收集到的素材进行编辑加工，并根据教学设计将素材整合到一起，形成多媒体课件。

（7）试运行与评测。对初步形成的多媒体课件进行试运行与评测，发现其中的缺陷和不足，然后进行修改和补充。为了充分检验课件的功能，课件的设计者和开发者需要在调试的过程中检验每一个按钮、链接和菜单，以此来保证调试的完整性和准确性。

---

[1] 冷国华.多媒体CAI课件设计与制作[M].镇江：江苏大学出版社，2010:21.

（8）效果评价。在课件开发的过程中，设计者和开发者需要收集有效数据，然后对数据进行分析，并以此为依据改进开发工作。效果评价应贯穿课件设计和开发的整个过程。

（9）利用课件教学。在经过反复测试后，便可以将课件应用到实际的教学中，而在使用课件进行教学时，教师应充分发挥课件的效果，从而最大限度地提高教学效率。

（10）终结性评价。在教学活动结束后，评价者对课件的价值做出判断，并提出建议，以帮助决策者做出关于课件的选择和推广应用等方面的决策。

2.多媒体课件制作的常用工具

多媒体课件制作的常用工具类型多样，能够满足教师不同的需求。下面，简要介绍三种常用的工具。

（1）Microsoft Office PowerPoint。Microsoft Office PowerPoint 专门用于制作演示文稿，它是以页为单位制作文稿的，制作出的文稿能够连接起来，形成一个完整的课件。使用 Microsoft Office PowerPoint，教师可以非常方便地编辑文字，插入图像、音频和视频，同时根据演示的需求增加一些演示效果。如图 5-2 所示，该图便是 Microsoft Office PowerPoint 软件的操作界面。

图 5-2　Microsoft Office PowerPoint 软件的操作界面

（2）101 教育 PPT。"101 教育 PPT"是一款服务于教师的备课软件，软件提供了教学工具、授课互动根据、3D 资源等，能够实现一键备课。作为一款一体化教学软件，"101 教育 PPT"具有以下几个优点。

①专享独家优质资源。3D 教学模型、理化生实验实拍等海量资源独家呈现，即插即用，帮助学生理解所学内容。

②多端互通，操作无间。多平台同步，电脑端、白板端、手机端、小程序互联互通，备课授课更随心。

③一站式教学解决方案。智慧教室，全面覆盖基础教育教学场景，搭配平板电脑，实现课堂实时互动。

④具有专业的团队。名师微讲堂，帮助教师提升信息化教学专业能力。

"101 教育 PPT"能够帮助教师教得更轻松，帮助学生学得更高效，其操作界面如图 5-3 所示。

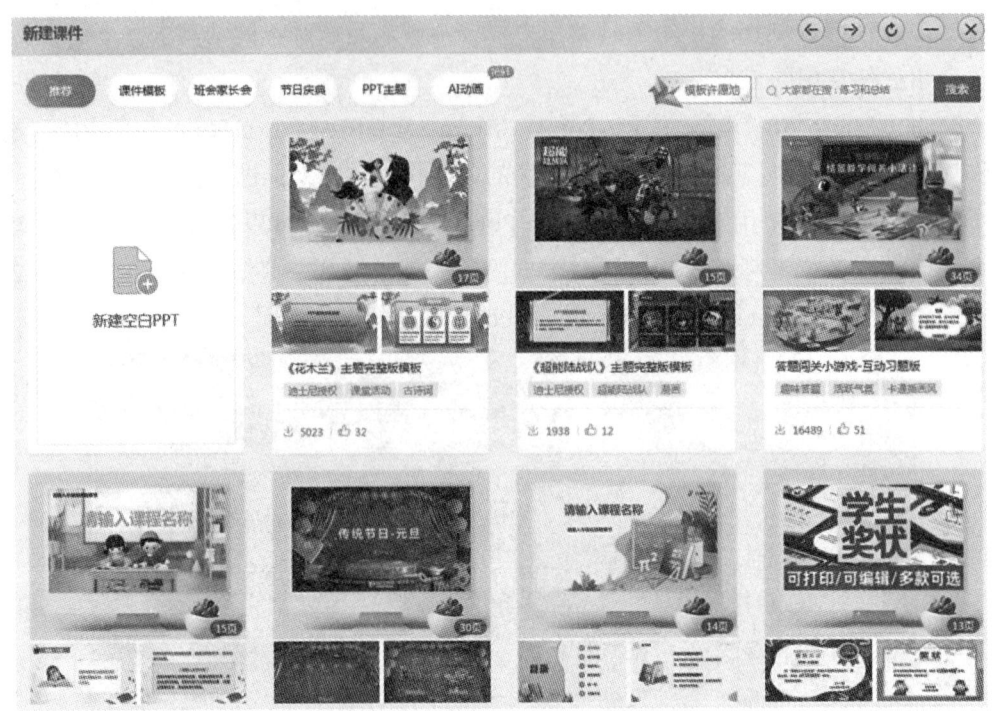

图 5-3 "101 教育 PPT"软件操作界面

（3）万彩动画大师。"万彩动画大师"是一款动画制作软件，具有图形组合、自定义背景音乐、多镜头特效、自定义动画特效、语音合成等功能，其操作界面简洁，操作简单，在较短的时间内便可以学会制作动画。"万彩动画大师"软件中设置了大量的素材，而且在官网中还配备了全方位的图文教程和视频教程，教师只需要简单的操作便可以制作出多媒体课件和微课。"万彩动画大师"软件的操作界面如图 5-4 所示。

第 5 章 多媒体课件与微课

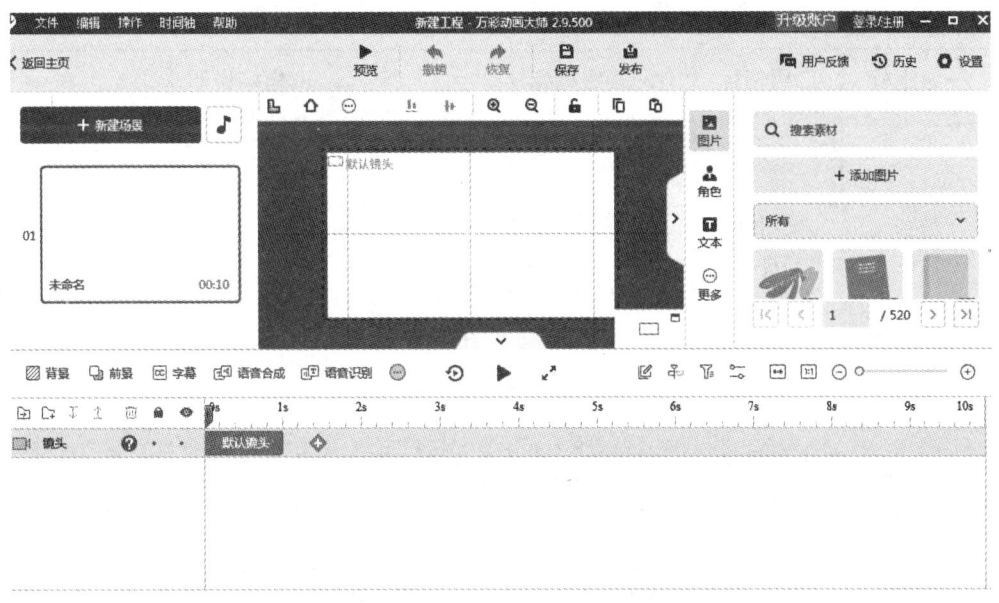

图 5-4 "万彩动画大师"软件操作界面

### 知识拓展

表5-1 多媒体课件评价表

| 一级指标 | 二级指标 | 三级指标 | 指标说明 |
| --- | --- | --- | --- |
| 教学内容（20分） | 规范性科学性（10分） | 规范性（5分） | 文字、单位、符号、公式等符合国家标准，符合出版规范 |
| | | 科学性（5分） | 教学内容正确，具有前瞻性、时效性；没有科学错误 |
| | 知识体系（10分） | 知识覆盖（5分） | 知识体系结构合理，知识内容完整 |
| | | 逻辑结构（5分） | 逻辑结构清晰，层次性强 |
| 教学设计（40分） | 教学理念与设计（20分） | 教育理念（10分） | 发挥学生主体作用，注重教师主导作用，注重学生能力和素质的培养 |
| | | 目标设计（5分） | 教学目标定位准确，表达规范 |
| | | 内容设计（5分） | 重难点突出，具有一定的启发性，有利于调动学生的主观能动性 |

续 表

| 一级指标 | 二级指标 | 三级指标 | 指标说明 |
| --- | --- | --- | --- |
| 教学设计（40分） | 教学策略与评价（20分） | 活动设计（5分） | 根据教学内容设计探究性活动和实践活动 |
| | | 教学交互（5分） | 有师生、生生、人机互动 |
| | | 资源形式与引用（5分） | 有较为丰富的教学资源，能够和教学内容相配合，引用的资源新颖 |
| | | 学习评价（5分） | 有对学生自主学习以及练习的评价 |
| 技术性（25分） | 运行状况（10分） | 运行环境（5分） | 运行可靠、稳定，容错性好，兼容性强 |
| | | 操作情况（5分） | 操作方便、灵活 |
| | 设计效果（15分） | 设计水平（5分） | 软件应用有较高的设计水准，用户环境友好 |
| | | 软件使用（5分） | 采用了和教学内容及设计相适应的软件 |
| | | 媒体应用（5分） | 技术表现符合多媒体认知的原理 |
| 艺术性（15分） | 界面设计（7分） | 界面效果（3分） | 界面布局合理，整体风格统一，导航清晰 |
| | | 美工效果（4分） | 色彩搭配合理，视觉效果好 |
| | 媒体效果（8分） | 媒体选择（4分） | 文字、图像、音频、视频等切合教学主题 |
| | | 媒体设计（4分） | 媒体设计精细，具有较强的吸引力 |

## 5.3 微课的设计与制作

### 5.3.1 微课概述

1. 微课的概念

微课是微型视频课程的简称，它是围绕某个知识点或教学环节（如任务、实验等）而设计的一种新型视频课程。微课虽小，但包含完整的知识点教学过程，它虽然不同于传统的教案、课件，但是是在传统教学资源基础上发展起来的一种新的教学资源类型，目前应用越来越广泛。

2.微课的特点

（1）时间短。微课的时长一般较短，通常在5～8分钟，最长不宜超过10分钟。与传统课堂（时长为40分钟或45分钟）相比，由于微课的时间较短，更容易使学生的注意力集中。

（2）内容量少。微课是围绕某个知识点设计的，如教学中的重点、难点，或者反映某个教学环节，其教学的内容量较小，这也是其被称为"微课"的一个重要原因。

（3）容量小。容量是针对其文件大小而言的，一般微课的容量在几十兆字节，便于教师和学生将其下载下来使用。

（4）主题突出。一个微课通常只包含一个主题，所以微课的时间虽然较短，但主题非常突出，有助于解决一些具体的问题。

3.微课的类型

依据不同的标准可将微课分为不同的类型，如表5-2所示。

表5-2 微课的类型

| 分类标准 | 类型 |
| --- | --- |
| 传授方式 | 讲授型微课<br>解题型微课<br>答疑型微课<br>实验型微课 |
| 制作方式 | 录屏式微课<br>拍摄式微课<br>动画式微课<br>混合式微课 |
| 探究方式 | 自主学习型微课<br>合作学习型微课<br>探究学习型微课 |

## 5.3.2 微课的设计模式

关于微课的设计模式，本书以南京大学张宝辉教授团队研究的一种设计模式为参考，如图5-5所示。

# 现代教育技术

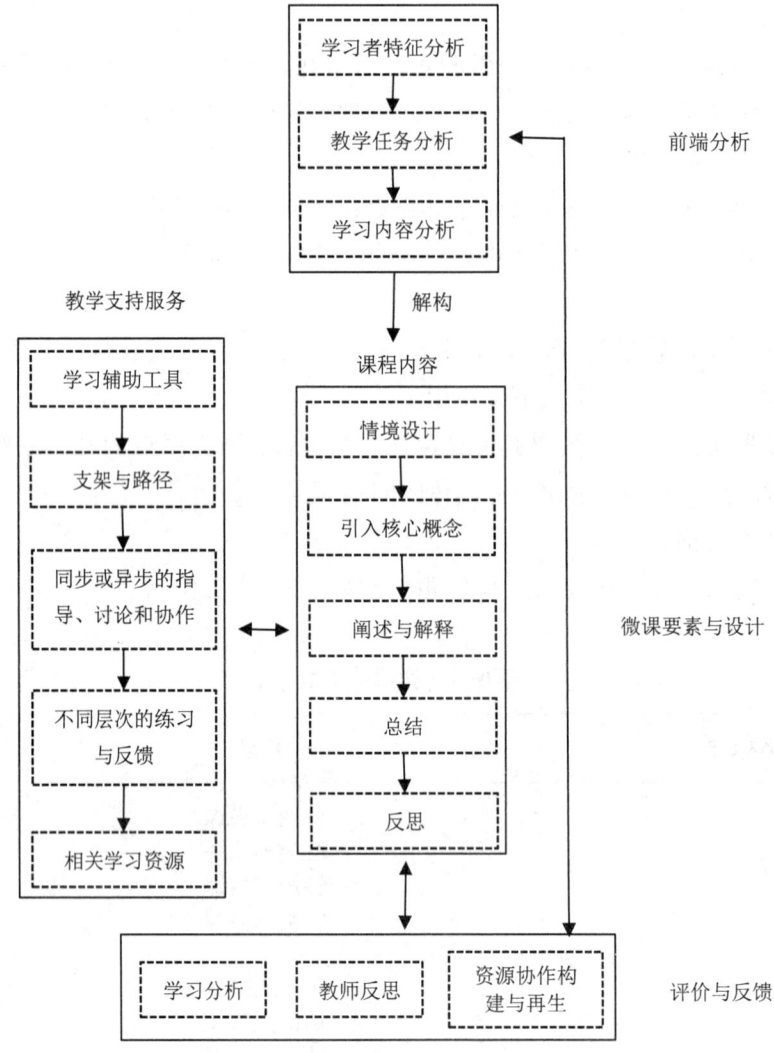

图 5-5 微课的设计模式

## 5.3.3 微课的制作

### 1. 微课制作的基本步骤

微课制作的基本步骤为：确定选题—撰写教案—制作课件—录制视频—后期制作—教学评价与反思，如图 5-6 所示。

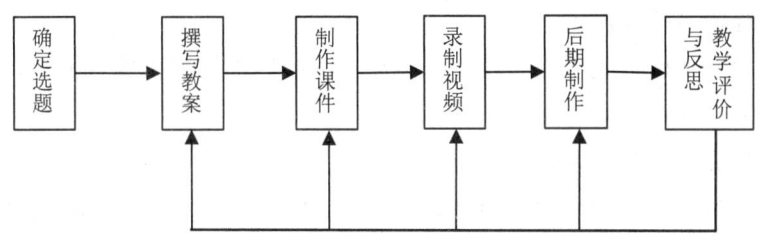

图 5-6　微课制作的基本步骤

2. 微课制作的常见形式

（1）真人出镜拍摄（摄像机＋黑板／电子白板）。所需工具有摄像机、黑板（电子白板）、教学演示工具。录制方法是使用摄像机同步录制教学过程。具体步骤如下。

①确定选题，撰写教案。

②借助黑板或电子白板开展教学过程，使用摄像机录制整个教学过程。

③对录制的视频进行后期处理。

这种微课制作形式的优点是可以将教师讲解的画面完整地录制下来，教师讲解画面与黑板或电子白板上的知识点同步；缺点是对环境和设备要求较高。

（2）手机录制微课（手机＋教材＋白纸）。所需工具有手机、相关教材、白纸、笔（必要的时候可以准备几支不同颜色的笔）。录制方法是借助工具将手机架起来，拍摄手和教材等内容，如图 5-7 所示。具体步骤如下。

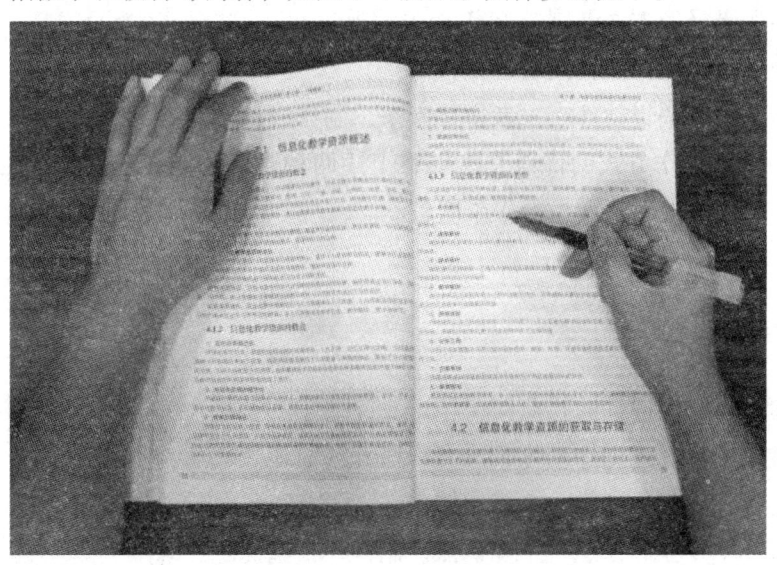

图 5-7　手机录制微课

①确定选题，撰写教案。

②借助教材和白纸展现教学过程，白纸上的内容书写要工整，演算内容逻辑清晰，同时保证画面的稳定和声音的清晰。

③对视频进行必要的编辑，如增加字幕等。

这种微课制作形式的优点是操作简单，对工具的要求较低；缺点是效果粗糙，声音和画面的呈现效果较差。

（3）录屏软件录制（录屏软件+PPT课件）。所需工具有计算机、录屏软件、耳麦（带话筒）、PPT课件。录制方法是在电脑上打开录屏软件和PPT课件，教师一边用PPT课件讲解，一边用录屏软件录制讲解过程。具体步骤如下。

①确定选题，搜集相关素材，制作PPT课件。

②打开录屏软件和PPT课件，调整录屏界面和PPT界面，调整话筒音量，开始录制。

③对视频进行编辑和美化。

这种微课制作形式的优点是对环境要求较低，个人即可实现，且呈现的效果较高；缺点是录屏软件比较复杂，需要学习才能操作。

（4）真人出镜+录屏的混合式录制（摄像机+录屏软件）。所需工具有摄像机、录屏软件。录制方法是对真人讲解和PPT进行录制，然后借助视频编辑软件将二者拼接到一起。具体步骤如下。

①确定选题，搜集相关素材，制作PPT课件。

②使用录屏的方式录制与PPT相关的视频。

③使用摄像机拍摄真人讲解视频。

④借助视频编辑软件将二者拼接起来，制作成一个完整的微课视频。

这种微课制作方式的优点是能够将上述两种微课录制方式的优点结合起来，增加课件的多样性；缺点是操作难度较高。

## 思考与练习

1. 简述多媒体课件的特点与类型。
2. 常用的多媒体课件制作工具有哪些？并简述其优点。
3. 选择任一工具制作一个多媒体课件。
4. 选择本专业的任意一个知识点，制作一个微课。

# 第6章 信息化教学及其评价

**学习目标**

★ 学习并了解信息化教学、信息化教学设计和信息化教学评价的概念。
★ 理解基于目标导向、问题导向、人物驱动、翻转课堂的信息化教学设计。
★ 学会对信息化教学进行评价。

## 6.1 信息化教学阐述

### 6.1.1 信息化教学的概念

信息化教学是指在现代教育理念的指导下，充分利用现代信息技术（包括计算机技术、网络技术、多媒体技术等）和信息化教学资源，使教学环节数字化，并促进教学效率提高的一种教学方式。

### 6.1.2 信息化教学的要素

在传统的教学中，教师、学生和教学内容是教学系统的"三要素"，而随着信息技术的发展，信息技术在教育教学中的应用越来越普遍，信息化教学已经成为教学发展的必然趋势。在信息化教学中，信息技术是一个不可或缺的要素，加上传统教学中的"三要素"，所以信息化教学由四个要素构成：教师、学生、教学内容、信息技术，四个要素之间的关系如图6-1所示。

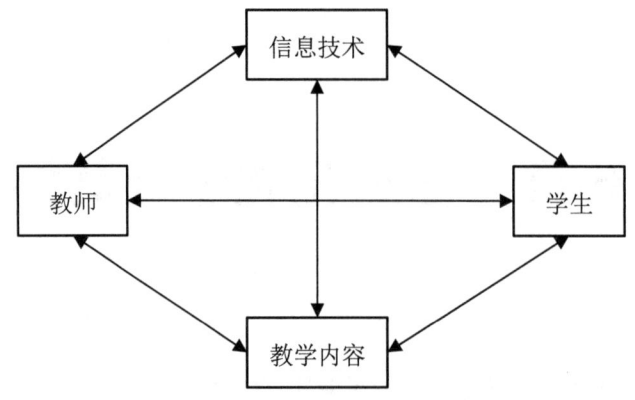

图 6-1 信息化教学"四要素"之间的关系

1. 教师

在信息化教学中,对教师的能力要求发生了变化,其中最显著的一点就是要求教师具备信息化教学的能力。所谓信息化教学能力,简单来说就是指教师运用现代信息技术开展教学活动的能力,具体包括以下两个方面。

(1)信息素养。教师的信息素养包括信息意识、信息知识和信息道德。

①信息意识。教师应具备比较敏锐的信息意识,能够认识到信息化教学的重要性。

②信息知识。教师应具备一定的信息知识,熟悉信息技术、信息化教学的相关理论、知识和方法。

③信息道德。教师应具备较强的信息安全意识,规范使用现代信息技术。

(2)信息化教学设计能力。了解信息化教学设计的内涵与特点,熟悉并遵守信息化教学设计的原则,掌握信息化教学设计的一些常用方法。

2. 学生

在信息化教学中,不仅对教师提出了新的要求,而且对学生也同样提出了新的要求,具体表现在以下几个方面。

(1)良好的信息素养。对学生信息素养的要求与教师相似,也包括信息意识、信息知识和信息道德三个方面,只是在程度上不同。

①信息意识。学生应具备一定的信息意识,要认识到信息技术在知识学习中的重要性。

②信息知识。学生应具备一定的信息知识,了解与信息有关的理论、知识和方法。

③信息道德。学生应具备一定的信息安全意识,规范使用现代信息技术。

（2）具备一定的学习能力。信息化教学为学生的自主学习和个性化学习提供了条件，而要实现自主学习和个性化学习，则需要学生具备一定的学习能力。

3. 教学内容

信息技术在教学中的应用赋予了教学内容新的特征，具体表现在以下几个方面。

（1）传输网络化。信息技术将文本、图像、音频、视频等教学信息转变成了数字信号，不仅更容易储存和编辑，而且传输也更加便捷，学生可以从任何一台计算机上获取教学信息。

（2）呈现方式多媒体化。借助信息技术，教学内容的呈现方式也发生了变化，表现出多媒体化的特征，这使得教学内容的呈现变得更加形象和生动，也更容易被学生理解和接受。

（3）超媒体线性组织。信息化教学内容采用超媒体技术构建，支持文本、音频、视频、图形、图像、动画等多媒体信息，并采用网状结构非线性组织管理信息的超文本方式，对教学信息进行有效组织，适合人脑的认知思维方式，有利于有效组织教学信息，促进知识的迁移。

4. 信息技术

在信息化教学中，信息技术主要指现代教学媒体，如投影、幻灯片、计算机等教学媒体以及由这些教学媒体组合成的教学媒体系统，如多媒体教室、微格教室、智慧教室等。

## 6.1.3 信息化教学的基本原则

信息化教学作为一种新型的教学方式，不仅要遵守一般教学原则，还需要遵守以下三项基本原则。

1. 最优化原则

信息化教学的最优化原则是指媒体的选择和组合是当前条件下的最佳选择。要贯彻最优化原则，有两点需要注意。

（1）媒体的种类很多，它们各有优点，但没有一种媒体是万能的，教师在选择媒体时，应结合当前教学的各种因素（如教学内容、学生特征等）选择适宜的媒体。

（2）多数情况下，将媒体组合起来使用比单一使用某一种媒体效果更好，因为将多种媒体组合起来使用可以呈现更好的感官效果。但有一点需要注意，媒体只是辅助教学，而非教学中的主体，教师不能为了呈现更好的感官效果而忽视了教学效果，否则会适得其反。

**2. 目的性原则**

信息化教学的目的性原则是指应用现代教育媒体要有明确的目的，进一步来讲，就是要能够优化课堂结构，促进教学效率的提升。因此，在教学中应用现代教育媒体时，教师不能为了盲目地追求"现代"而使用媒体，而是要确保该媒体的使用能够达到教学目的，这样才是科学和合理的。

**3. 效益性原则**

信息化教学的效益性原则主要体现在两个方面：①教学效益；②经济效益。学校不能为了追求教学效益而忽视了经济效益，一味地追求高档次，这样会加重学校的经济负担，不利于学校的长远发展。当然，也不能为了减少经济支出，购置比较低档的设备，这样会影响教学效益。因此，学校应从现实条件出发，在经济条件允许的情况下，大力发展现代教育技术，从而实现可持续发展。

## 6.2 信息化教学设计

### 6.2.1 信息化教学设计概述

**1. 信息化教学设计的概念**

信息化教学设计是指依据学生的特征与学习需要，将学习环境、学习资源与信息技术有机融合起来，以达到优化教学过程的实施方案。信息化教学设计是以现代教育理念为指导的（其中以建构主义为核心），面向过程和基于资源的设计，突出的是学生的"学"，即以学生为中心，关注学生学习的过程，教师在这个过程中起支持、帮助和引导的作用。

**2. 信息化教学设计与传统教学设计的差异**

信息化教学设计是在信息化教学环境下出现的，相较于传统的教学设计而言，存在明显的差异。具体而言，其差异主要体现在以下两个方面。

（1）关注角度的差异。从关注角度来看，信息化教学设计和传统教学设计存在明显的差异，详情见表6-1。

表6-1 信息化教学设计与传统教学设计关注角度的差异

| 关注角度 | 信息化教学设计 | 传统教学设计 |
| --- | --- | --- |
| 设计核心 | 注重教学过程设计、注重教学资源的利用 | 注重教学内容设计 |

续 表

| 关注角度 | 信息化教学设计 | 传统教学设计 |
|---|---|---|
| 学习内容 | 交叉学科专题 | 单学科知识点 |
| 教学模式 | 探究型学习、合作型学习 | 讲授、演示、操作练习 |
| 教学评价 | 面向学习过程 | 面向反应性行为 |
| 教学周期 | 周或学期 | 课时 |

（2）特征的差异。与传统教学设计相比，信息化教学设计在特征上也存在差异，具体内容如表6-2所示。

表6-2 信息化教学设计与传统教学设计特征的差异

| 表现要素 | 信息化教学设计 | 传统教学设计 |
|---|---|---|
| 讲授方式 | 交互式讲授 | 教师主导性讲授 |
| 教学策略 | 围绕学生展开 | 围绕教师展开 |
| 学习内容 | 多学科延伸模块 | 单学科独立模块 |
| 教师角色 | 支持者、帮助者和引导者 | 主导者 |
| 作业方式 | 以协同作业为主 | 以个体作业为主 |

3. 信息化教学设计的几种模式

了解信息化教学设计的模式，有助于提高教师信息化教学设计的能力。下面，简要介绍两种实用性较强的信息化教学设计模式。

（1）ITDRM模式

ITDRM模式（Information teaching design research mode，ITDRM）是一套完整的信息化教学设计方案。在ITDRM模式中，首先，需要确定学习目标，分析学习需求、学习环境、学习者特征；其次，选择工具（或媒体）、选择资源、开发资源、确定学习内容；再次，制定教学策略；最后，进行修改和完善，使教学策略达到最优化设计，其流程如图6-2所示。

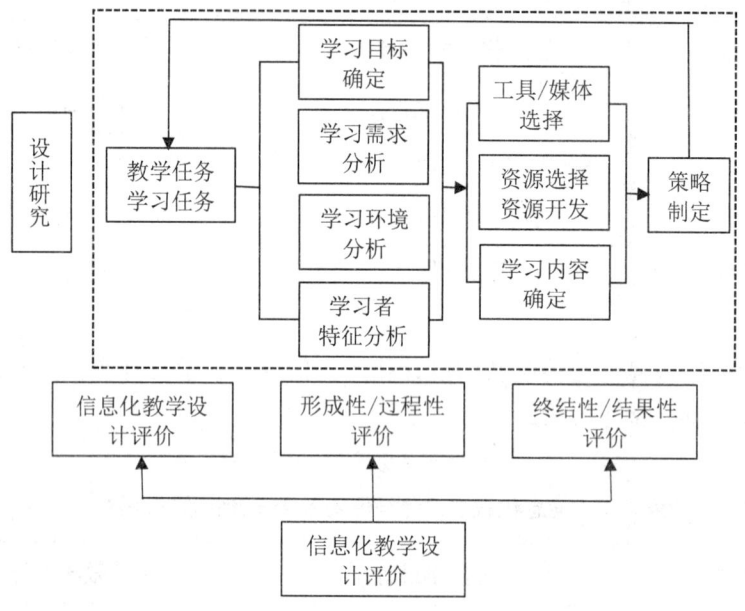

图 6-2 ITDRM 模式的教学设计流程

（2）ADDIE 模式

ADDIE 模式中的五个字母分别表示：analysis（分析）、design（设计）、development（开发）、implementation（实施）、evaluation（评价）。该模式是一套系统的发展教学的方法，主要包含要学什么（学习目标制定）、如何去学（学习策略运用）、学习者学习的成效（学习评量的实施）。在 ADDIE 模式中，分析是基础，设计、开发、实施是核心，评价是保证，其设计流程如图 6-3 所示。

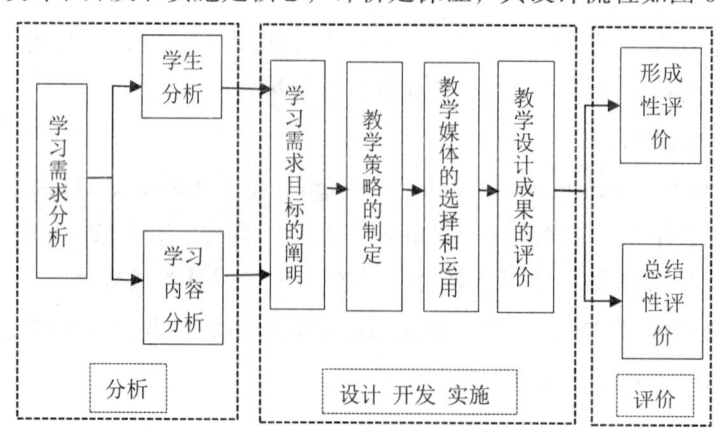

图 6-3 ADDIE 模式的教学设计流程

### 6.2.2 目标导向的信息化教学设计

**1. 目标导向的信息化教学设计的概念**

关于信息化教学设计的概念在前面已经指出，而目标导向下的信息化教学设计，顾名思义，就是以目标为导向的信息化教学设计。为了进一步认识目标导向的信息化教学设计的概念，需要对此处的"目标"做详细解读。

在教育教学中，目标是整个教学活动的决定性因素，对后续教学活动的开展具有重要的导向作用。关于教学的目标，根据美国课程论专家舒伯特（W.H.Schubert）的分析，可大致分为三类：行为目标、生成性目标和表现性目标。基于三类目标导向的对比如表6-3所示。

表6-3 三类目标导向的对比

| 维度 | 行为目标导向 | 生成性目标导向 | 表现性目标导向 |
| --- | --- | --- | --- |
| 性质 | 教师预期的行为结果 | 在教育过程中自然生成的目标 | 学习者在教学情境中的个性化表现 |
| 价值取向 | 技术理性 | 实践理性 | 解放理性 |
| 特征 | 具体性、准确性、可操作性 | 过程性 | 不可预知性 |
| 评价方式 | 以行为的完成与否去评判 | 以问题解决的过程去评判 | 依据学习者的表现去评判 |

上述三种目标对教学活动的开展都具有导向作用，在信息化教学设计中，教师应了解上述三种教学目标的性质、价值取向、特征和评价方式，从而在目标的导向下更好地完成信息化教学设计。

**2. 目标导向的信息化教学设计的原则**

（1）目标的可实现性。目标的可实现性是指目标的设置要合理，能够被学生所接受。目标设置过低，不利于激励学生；目标设置过高，学生不易达到，容易打击学生的信心。在设置目标时，教师可以邀请学生参与其中，共同拟定一个合理的目标，这有助于目标的实现。

（2）目标的可衡量性。目标的可衡量性是指设置的目标要明确，切忌模糊不清，这样便缺少了衡量的指标，难以对目标的达成情况进行确认。因此，在设置目标时，必须要确保目标的清晰、明确。

（3）目标的时限性。在设定目标时，需要规定目标达成的时限，即要拟定目标完成的时间要求。在教学计划实施的过程中，还需要定期检查目标完成的进度，以便及时发现异常情况并做出合理的调整。

3.目标导向的信息化教学设计的基本流程

目标导向的信息化教学设计大致可分为三个阶段：教学分析阶段、教学过程设计阶段和教学设计评价阶段。教学分析是信息化教学设计的基础环节，主要包括课程目标分析、教学内容分析和学习者特征分析三项内容；教学过程设计是信息化教学设计的核心环节，主要包括教学目标设计、教学环境设计、教学策略设计、教学（学习）活动设计；教学设计评价主要包括总结性评价和形成性评价，总结性评价是以目标的达成情况为依据，形成性评价则是以教学过程中学生的表现为依据。目标导向的信息化教学设计的基本流程如图6-4所示。

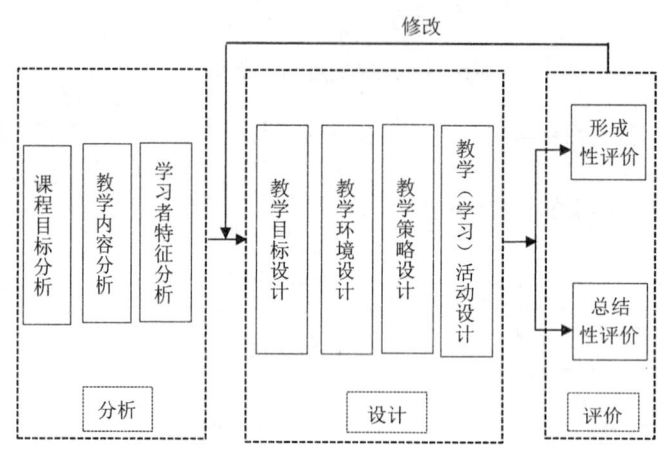

图6-4 目标导向的信息化教学设计的基本流程

### 6.2.3 问题导向的信息化教学设计

1.问题导向的信息化教学设计的概念

问题是在一定的情境中，人们为了完成某一目标或满足某种需求所需要面临的未知状态。问题导向就是基于问题的学习，即将学习置于问题情境中，让学生通过合作的方式解决问题，然后通过问题的解决掌握问题背后的知识，并使思维能力、问题解决能力以及自主学习能力得到发展。由此可见，问题导向的信息化教学设计是以问题为中心的，重视学生之间的团队合作以及学生对问题的自主探究，从而使学生在探索式学习、发现式学习中获得良好的发展。

2.问题导向的信息化教学设计的原则

（1）适度性原则

适度性原则是指问题设计的难度要适中，太难或者太简单的问题都会对学生学习的主观能动性产生抑制作用,从而影响学生学习的效率。因此,在设计问题时,教师应对教学内容以及学生的特征进行全面的分析,确保设计的问题难度适中。

(2)主体性原则

问题导向的信息化教学设计以问题为中心,重视的是学生之间的合作以及学生对问题的自主探究,因此,教学设计应重视学生主体性的发挥,教师则充当帮助者和引导者的角色。

3.问题导向的信息化教学设计的基本流程

问题导向的信息化教学设计流程如图6-5所示。

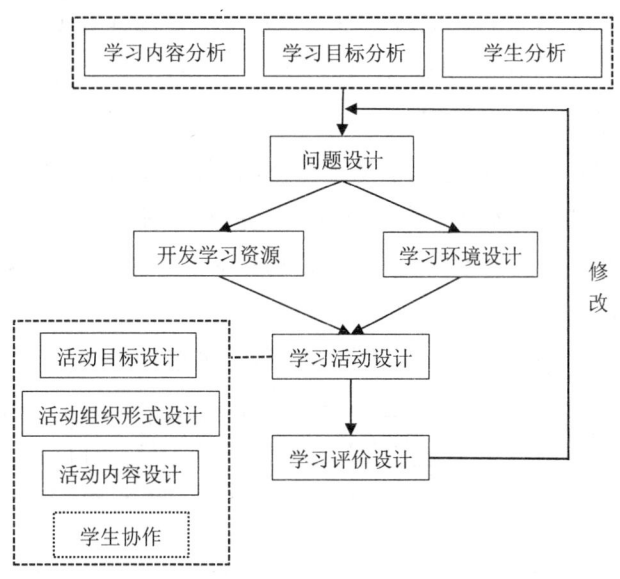

图6-5　问题导向的信息化教学设计流程

在问题导向的信息化教学设计中,问题设计是基于对学习内容、学习目标、学生分析的基础上进行的,当明确问题后,教师则需要针对性地开发学习资源,并创设一个良好的学习环境。然后便可以开始学习活动的设计,包括活动目标设计、活动组织形式设计、活动内容设计,在这个环节中,需要学生参与进来,协助设计。在学习评价设计环节,教师对学生做出评价,学生彼此之间做出评价,最后进行反馈和修改。

### 6.2.4　任务驱动的信息化教学设计

1.任务驱动的信息化教学设计的概念

任务驱动教学模式要求在教学过程中,教师以富有趣味性、能够激发学习者学习动机与好奇心的情境为基础，以与教学内容紧密结合的任务为载体，使学生在完成特定任务的过程中获得知识与技能的一种教学法。[①] 任务驱动教学的本质就是依靠"任务"去激发和维持学习者学习的动机，促使学生由传统的接受式学习转变为探究式学习，从而在任务探究的过程中实现良好的发展。由对任务驱动教学的阐述可引申出任务驱动的信息化教学设计的概念：在信息化环境中，以任务为主线，以学生为主体，通过任务激发和维持学生学习的动机，培养学生的自主学习能力和团结协作能力，进而促进其发展的实施方案。

2. 任务驱动的信息化教学设计的原则

（1）趣味性原则。现代教育强调教学的趣味性，要让学生能够快乐地学习，这样才有助于调动学生学习的主观能动性。因此，设计的任务需要具备一定的趣味性，能诱发学生探究任务的好奇心，提高学生探究任务的积极性，从而让学生在对任务的探究中实现良好的发展。

（2）拓展性原则。拓展性是基于基础任务而言的，基础任务是必不可少的，其涉及的主要是基础知识和基本操作，而在学习完成基础任务后，教师可进行适当的拓展，设计一些拓展性的任务，从而进一步培养学生的拓展性思维和创新能力。

3. 任务驱动的信息化教学设计的基本流程

任务驱动的信息化教学设计的基本流程如图 6-6 所示。

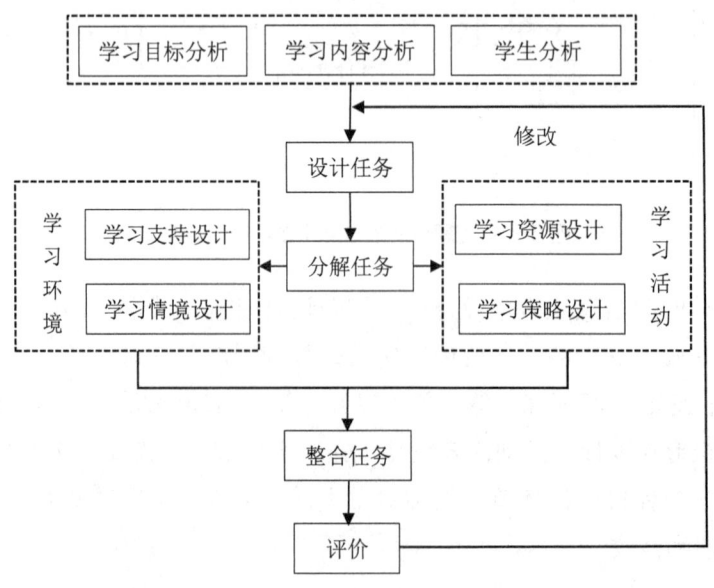

图 6-6　任务驱动的信息化教学设计的基本流程

---

① 赵呈领，贺李彬．基于 LAMS 的任务探究式教学设计 [J]．中国电化教育，2008(12): 71—74．

在任务驱动的信息化教学设计中，任务是核心，而任务的设计是基于对学习目标、学习内容和学生的分析。需要注意的是，教师设计任务的目标不是要求学生给出完美的答案，而是通过任务去引导学生进行探究。通常情况下，一项任务包含一系列的问题，为了使学生能够更好地完成任务，教师可以引导学生将任务分解（分解成多个子任务）。在分解任务的同时，教师还需要注重学习环境和学习活动的设计，学习环境的设计包括对学习支持和学习情节的设计，学习活动的设计包括对学习资源和学习策略的设计。在一个个子任务完成后，将任务整合，然后给予评价，最后结合任务完成情况做出修改和完善。

### 6.2.5 翻转课堂的信息化教学设计

1. 翻转课堂的信息化教学设计的概念

翻转课堂是相较于传统课堂而言的，作为一种新型的教学模式，翻转课堂将知识获取的过程放在课外，学生借助教师提供的学习资源自主完成知识的构建，课堂则成为学生探讨问题的场所。在翻转课堂中，学生成为主体，教师起引导和帮助的作用。由对翻转课堂的阐述可引申出翻转课堂的信息化教学设计的概念：在信息化环境中，教师为学生提供学习资源，学生在课下通过观看学习资料完成对知识的学习，课上教师和学生一起完成作业答疑、协作探究等活动，进而促进学生发展的实施方案。

2. 翻转课堂的信息化教学设计的原则

（1）主体性原则。在翻转课堂中，教师和学生的角色发生了很大变化，教师充当帮助者和引导者的角色，学生则成为"主动探究者"的角色。为了提高学生自主学习的效率，使学生可以更好地自定学习的步调，教师在进行翻转课堂的设计时，需要充分考虑学生在该种学习模式中的整体性，以学生为中心，从而使学生成为真正意义上的主动构建者。

（2）互动性原则。翻转课堂虽然将学生获取知识的环节安排在课下，但课堂时间同样非常重要，同样需要教师和学生围绕知识、作业和疑问展开互动交流，并确保课堂互动交流的有效性，从而在积极的课堂互动中加深学生对知识的理解和认知。

3. 翻转课堂的信息化教学设计的基本流程

翻转课堂的信息化教学设计的基本流程如图6-7所示。

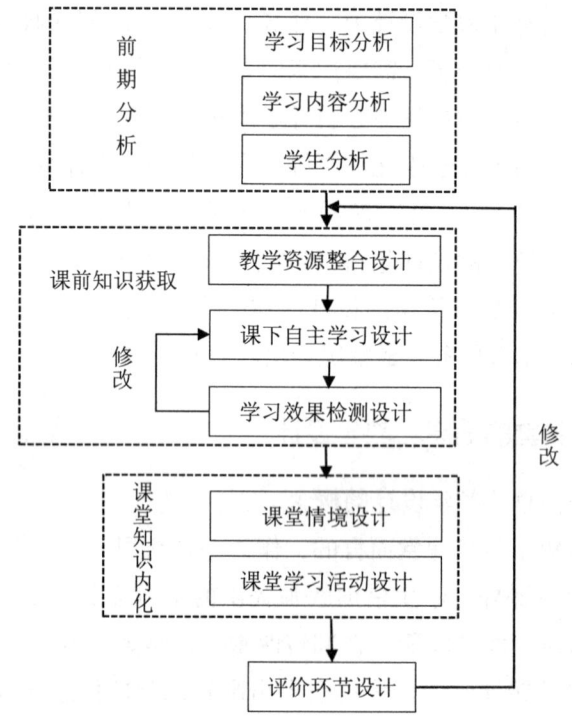

图 6-7　翻转课堂的信息化教学设计的基本流程

在翻转课堂的信息化教学设计中，前期分析是基础，主要包括学习目标分析、学习内容分析和学生分析。课前知识获取和课堂知识内化是两个关键环节，课前知识获取包括教学资源整合设计、课下自主学习设计和学习效果检测设计；课堂知识内化包括课堂情境设计和课堂学习活动设计。评价环节设计以形成性评价为主，有助于教师和学生进行反思和改进。

## 6.3　信息化教学评价

### 6.3.1　教学评价

1. 教学评价的概念

教学评价是指以教学目标为依据，依托科学的评价标准，运用有效的技术手段，对教学过程及其结果进行测量、评价并做出价值判断的过程。教学评价的研究对象主要包括三部分：①教师"教"的行为；②学生"学"的行为；③教学效果，三部分缺一不可。

2.教学评价的类型

教学评价的种类很多，依据不同的标准，可做出不同的划分，如表6-4所示。

表6-4  教学评价的类型

| 分类依据 | 类型 | 类型说明 |
| --- | --- | --- |
| 评价功能 | 诊断性评价 | 诊断性评价通常在教学活动开展之前进行，旨在了解学生的学习情况，并据此设计教学方案 |
| | 形成性评价 | 形成性评价属于过程性评价，通常在教学过程中进行，旨在改进和完善教学活动，如口头提问、书面测验等都属于形成性评价 |
| | 终结性评价 | 终结性评价通常在一个学习阶段或一个学期结束后进行，旨在对学生学习的结果进行评价 |
| 评价主体 | 内部评价 | 指评价对象的自我评价，这种评价操作简便，可经常进行 |
| | 外部评价 | 指被评价者之外的专业人员对评价对象进行的评价，相较于内部评价，外部评价更加客观 |
| 评价基准 | 相对性评价 | 相对性评价又称常模参照性评价，是指在评价对象集合中建立一个基准，然后将评价对象与基准进行比较，从而判断评价对象所处的水平 |
| | 绝对性评价 | 绝对性评价又称目标参照性评价，是指在评价对象集合外建立一个基准，然后将评价对象与基准进行比较，从而判断评价对象所处的水平 |
| | 个体内差异评价 | 个体内差异评价是建立在评价对象自身基础之上的，是指将评价对象的过去和现在做比较，或者将评价对象的不同方面进行比较 |

3.教学评价的功能

（1）导向功能。教学评价的制定是以教学目标为依据的，其根本目的在于推动教学目标的实现，因此，制定的评价标准具有导向功能。在教学过程中，教师依据评价标准判断教学的成效，以此来判断教学是否偏离了正确的轨道，从而确保教学能够始终沿着正确的方向前进。

（2）诊断与调节功能。教学评价是对教师"教"和学生"学"的综合评价，所以借助教学评价不仅可以诊断教师教学的效果、优缺点，还可以诊断学生对知识的掌握情况和综合能力发展情况。由此可见，教学评价如同体检一般，可以诊断教学的综合情况，教师据此改进教学方法、完善教学计划，学生据此改进学习策略、修订学习方法，从而在自我调节中促进教学目标的实现。

（3）强化功能。科学的教学评价具有强化功能，能够有效提高教师教学的积极性，并激起学生学习的内部动因。对教师来说，客观的评价可以使教师明晰努力的方向，促使教师不断提升自身教学水平；对学生来说，客观的评价则可以使他们更深刻地认识自我，从而在对自我的认知中端正学习态度，提高学习效率。

### 6.3.2 信息化教学评价

1. 信息化教学评价的概念

信息化教学评价是指以教学目标为依据，以信息化教学理念为指导，通过运用各种评价技术对信息化教学进行测量、评价并做出价值判断的过程。与传统教学评价相比，信息化教学评价虽然在指导理念和技术运用上都发生了变化，但其本质仍旧没有变化，依旧是教师了解教学目标的实现情况以及修正教学计划的一个重要依据。

2. 信息化教学评价的特点

与传统教学评价相比，信息化教学评价发生了一些变化，这使得信息化教学评价也具有了其自身的特点，主要表现在以下几个方面。

（1）注重对教学资源的评价。在信息化教学中，借助互联网可以获得丰富的资源，而资源的优劣在一定程度上影响着教学效率。因此，在信息化教学评价中，有必要对教学资源进行评价。

（2）注重学生的参与。现代教育理念强调个性化学习和自主性学习，这一点在信息化教学中体现得更为明显。在个性化学习和自主性学习中，重视学生主体性的发挥，因此，在信息化教学评价中，也应该注重学生的参与。

（3）评价贯穿整个教学过程。从教学评价的功能来看，教学评价应贯穿整个教学过程，信息化教学评价同样如此，它应该在整个教学过程中都发挥着作用。因此，信息化教学评价通常被镶嵌在教学活动中，是整个教学活动中不可分割的重要部分。

3. 信息化教学评价的原则

（1）客观性原则。客观性是信息化教学评价的基本原则，因为只有评价是客观的，才能充分发挥其导向、诊断和调节的功能。如果缺乏客观性，那么也就失去了评价的意义，甚至会因为评价的错误信息而导致教学决策出现问题，进而对教学产生消极的影响。

（2）整体性原则。信息化教学评价应从教学活动的整体出发，对教学活动进行全面、系统的评价（包括对教师"教"、学生"学"以及教学效果的评价），避免出现以偏概全的情况。

（3）发展性原则。发展性原则是指信息化教学评价要立足于教师与学生的发展，即要着眼于教师和学生的动态发展，而非只关注结果，这样才符合信息化教学的指导理念。

### 6.3.3 信息化教与学的评价

信息化教学评价主要包括三个方面：教师"教"的评价、学生"学"的评价和教学效果的评价。其中，教学效果的评价体现在对学生"学"的结果的评价中，因此，在此针对教师"教"的评价和学生"学"的评价两个方面做简要介绍。

1. 信息化教学教师"教"的评价

在信息化教学中，教师的"教"主要包括信息化教学设计和信息化教学活动，因此，针对信息化教学教师"教"的评价也应从这两个方面着手。

（1）信息化教学设计的评价。关于信息化教学设计，在本章第二节已经做了系统的论述，其评价则主要从以下几个方面进行。

①教学与技术的结合是否合理。

a. 教师教学与技术应用之间是否有明显的关联。

b. 是否充分运用信息技术来支持教学。

②是否有助于提高学生学习的效果。

a. 教学设计是否有助于调动学生学习的主观能动性，是否能够激发学生学习的兴趣。

b. 教学设计是否符合学生的年龄特征，是否充分考虑了学生之间的个体差异。

c. 教学设计是否以学生为主体，是否有助于学生综合能力的培养。

③教学设计是否具有可操作性。

a. 教学设计是否便于运用到具体教学中。

b. 教学设计是否能够依据具体的教学情况进行适当的调整，以便应用到不同的教学场景中。

（2）信息化教学活动的评价。在信息化教学中，教学活动是关键环节，也是教师"教"的评价的主要方面。信息化教学活动的评价应贯穿整个教学过程，其评价主要包括以下几个方面。

①教学导入。教学导入的方式是否新颖；教学导入是否与学习内容有着紧密的联系；教学导入是否有助于吸引学生注意力，并引导学生进入后面的学习。

②知识讲授。概念的诠释是否到位，易于学生理解和接受；知识讲授是否主次分明、重点突出；语言表达是否规范、标准、生动形象。

③重难点的解决。是否把握好各章节的重点和难点；是否能够引导学生突破知识难点。

④教学方法。教学方法是否有效、得当；教学方法是否符合现代教育理念；教学方法是否丰富、多元。

⑤教学资源。是否能够充分利用信息化教学资源；是否能够将信息化教学资源与教科书资源进行有效互补；是否能够引导学生自主利用教学资源。

⑥教学媒体。是否能够选择适宜的教学媒体；是否能够利用教学媒体提高教学效率。

⑦学生练习。学生练习是否有助于强化学生对知识的记忆和理解；学生练习是否具有较强的针对性；在难度和数量上的设计是否合理。

2. 信息化教学学生"学"的评价

在信息化教学中，针对学生"学"的评价主要包括两个方面：学生学习过程的评价和学生学习结果的评价。

（1）学生学习过程的评价。针对学生学习过程的评价要注重学生学习的全过程，同时关注学生能力的培养和情感态度价值观的形成。关于学生学习过程评价的方法有很多，下面，主要介绍其中的三种。

①量规。量规是一种结构化的定量评价工具，可用于评价、指导和改善学生学习行为。量规具有动态性、系统性、普适性的特点，且易于操作。由于对学生的评价以学生的学习过程为重点，所以在使用量规时也要注重学生的行为表现。关于教学量规，并没有严格的标准，教师可结合教学实际进行设计。如表6-5所示，以课堂合作探究活动为例，设计了一个可供参考的量规表。

表6-5　信息化教学中学生学习过程评价量规表

| 评价指标 | 评价标准描述 | 评分 |
| --- | --- | --- |
| 学习态度（20分） | 学习态度端正，能够积极参与小组讨论，与小组成员分享自己的经验；活动结束后能够反思自己在活动中的收获与不足 |  |
| 活动准备阶段（15分） | 积极准备小组合作探究所需要的材料，合理安排活动内容，规划好活动时间 |  |
| 活动实施阶段（25分） | 按照计划有序开展活动，小组成员之间相互帮助，及时归类整理探究结果 |  |

续 表

| 评价指标 | 评价标准描述 | 评分 |
|---|---|---|
| 汇报交流阶段（15分） | 各小组之间积极进行交流，认真听取他人意见，得出有价值的结论 | |
| 小组合作情况（25分） | 小组成员之间分工明确，能够积极发表自己的看法，组内氛围轻松愉悦 | |
| 教师评价 | | |
| 同学评价 | | |
| 自评 | | |

②学习契约。学习契约也称学习合同，是学生与自己、教师或同学之间达成的一种书面协议。学习契约在本质上属于过程性评价，具有过程性、开放性、结构性的特点。在信息化教学中，尤其是远程教学中，学习契约发挥着越来越重要的作用。学习契约的设计通常有七个环节，其流程如图6-8所示。

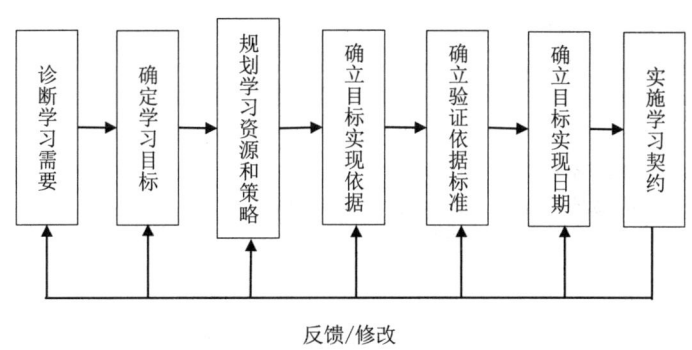

图6-8 学习契约的设计流程

学习契约的模板很多，常用的主要有自学式学习契约模板（如表6-6所示）、同伴辅助式学习契约模板（如表6-7所示）和提纲式学习契约模板（如表6-8所示）。

表6-6　自学式学习契约模板

| 学习者姓名 | | 课程名称 | |
|---|---|---|---|
| 学习主题：<br>学习目标：<br>＊学习子目标1<br>＊学习子目标2<br>＊……<br>学习活动：<br>＊学习活动1<br>＊学习活动2<br>＊学习活动3<br>＊……<br>学习者签名： ||||

表6-7　同伴辅助式学习契约模板

| 被辅导者 | | 辅导者 | |
|---|---|---|---|
| 辅导专题 ||||
| 被辅导者：<br>你计划用什么方式学习？<br>你期望通过此次辅导达到什么目标？<br>你在什么样的环境下学习效率最高？<br>你期望掌握什么技能？<br>辅导者：<br>你计划什么时间开始辅导？在哪里辅导？<br>你计划什么时间评价被辅导者的学习情况？如何评价？<br>你计划如何检查学习者的作业完成情况？ ||||

表6-8　提纲式学习契约模板

| 学习者姓名 | | 教师姓名 | |
|---|---|---|---|
| 课程名称 | | 成绩 | |
| 契约时间 | | 契约目的 | |
| 1.学习者计划学习的内容：<br>2.学习者决定学习此内容的原因：<br>3.学习者想要提出的问题：<br>4.学习者从哪些方面收集信息：<br>5.学习成果的形式：<br>6.学习者最终能够掌握的技能： ||||

续 表

7.学习者计划与谁分享学习经验：
（1）分享人员：
（2）分享方式：
（3）分享时间：
8.结束学习的形式：
9.评价学习的形式：
10.评价人员看到的学习证据：

③档案袋评价法。档案袋评价法是以档案袋为工具，将学生学习过程中的各种资料（包括教师评价、同学评价、测试成绩等信息）收集到档案袋中，并通过分析档案袋中的内容对学生进行评价的一种评价方法。档案袋评价法的优点在于贯穿教学的全过程，能够比较详细地记录学生成长的过程，是客观评价学生学习过程的一个重要依据。在运用档案袋评价法时，需要注意如下几点：一是注重评价对学生的反馈作用，使评价的过程或为学生自我认知、自我反思的过程；二是注重档案袋内容的选择，在选择档案袋中的内容时，通常需要教师和学生共同选择，而非教师自主决定；三是注重档案袋内容的丰富性，档案袋中的内容应该是丰富的，涉及学生学习的方方面面，如作业、测试成绩、活动表现等，这样可以更加全面地反映学生的学习情况。

（2）学生学习结果的评价。在信息化教学中，学生学习结果评价的一个重要目的就是评定目标是否达成，而目标就是学生学习结果评价的指向。学生学习的目标与教学目标在本质上是相同的，可概括为三个方面：知识与技能、过程与方法、情感与态度，具体内容如表6-9所示。

表6-9　学生学习结果评价的指向

| 评价指向 | 具体内容 |
| --- | --- |
| 知识与技能 | 掌握基础知识与基本技能 |
| 过程与方法 | 体验与了解问题探究的过程与方法，并在问题的探究中总结规律，掌握基本的方法，形成发现问题、分析问题和解决问题的能力 |
| 情感与态度 | 树立正确的学习态度和积极的人生态度，具备科学的审美情趣和高尚的道德情操，形成正确的价值观 |

**思考与练习**

1. 简述信息化教学的概念、要素与原则。
2. 简述信息化教学设计与教学设计的不同。
3. 结合所学专业和本章内容,设计一套信息化教学方案。
4. 参考任一学习契约模板,设计一个学习契约。

# 第7章 网络课程与在线教学

> 学习目标
> ★ 了解网络课程的定义、构成和类型。
> ★ 学习并掌握网络课程的设计开发流程。
> ★ 熟悉常见的在线教学模式。

## 7.1 网络课程阐述

### 7.1.1 网络课程的定义

在信息化时代，随着网络在教学中的应用越来越普遍，网络课程的建设已经成为高校课程建设的一项重要内容。《现代远程教育资源建设技术规范》指出，网络课程就是通过网络表现的某门学科的教学内容及实施的教学活动的总和。该定义指出了网络课程的两个重要组成部分：教学内容和网络教学支持环境。教学内容主要包括课程导论和课程主体教学内容；支持环境则是指支持网络教学的教学资源、网络教学平台以及在网络教学平台上实施的教学活动。

从本质上来讲，网络课程没有脱离课程的范畴，其目的仍旧是达到一定的培养目标，只是教育技术的运用使得其传播方式发生了变化，而且也促进了教学理念、教学方法的改变，所以网络课程具有不同于传统课程的特征，如开放性、交互性、共享性等。

### 7.1.2 网络课程的构成

根据上文对网络课程的定义可知，网络课程主要由教学内容和网络教学支持环境两部分构成。下面，便针对这两部分做进一步的介绍。

1. 教学内容

（1）课程导论。课程导论是前置性内容，其目的在于帮助学生顺利完成知识的学习，如课程内容简介、课程前导等。课程导论的设置有助于学生确立学习目标，同时还可以帮助学生构建知识网络体系，从而在整体上更好地把握不同单元间知识的联系。

（2）课程主体教学内容。课程主体教学内容通常以知识点的形式进行组织，同时配以教学活动、学习进度、学习时数、学习方法等内容。课程主体教学内容应具有科学性和系统性。科学性是指其内容的表达应符合有关的规范标准，课程组织应符合知识本身的逻辑性；系统性则是指其内容的组织应有助于学生将旧知识和新知识联系起来，从而促进学生构建知识网络体系。此外，课程主体内容的选择和组织还应该能够满足学生个性化学习和自主性学习的需求，同时体现教师帮助者、指导者的角色。

2. 网络教学支持环境

（1）网络教学资源。网络教学资源有广义和狭义之分。广义的网络教学资源是指互联网中能够被学生利用的有助于学习的所有资源，包括网络信息资源、网络人力资源和网络环境资源。网络信息资源指存储于网络中的各种知识资源，如电子课件、电子书籍等；网络人力资源是指在网络上能够提供教育服务的人员，包括能够通过网络联系到的专家、学者；网络环境资源是指网络空间中的各种硬件设施以及软件实施等。狭义的网络教学资源则主要指网络环境中的信息资源。

为了进一步明确网络教学资源的范畴，促进网络教学资源库的建设，教育部教育信息化技术标准委员会发布了《现代远程教育技术标准（DLTS）术语规范》，对网络教学资源做了明确的界定：网络课程相关的媒体素材、题库、课件、试卷、案例、文献资料、常见问题解答库和资源目录索引等资源。

（2）网络教学平台。网络教学平台也有广义和狭义之分。广义的网络教学平台包含两个部分：硬件教学平台和软件教学平台。狭义的网络教学平台则只包含软件教学平台，是指在互联网环境下，为网络教学提供支持服务的软件系统。下面所探讨的网络教学平台是基于狭义的范畴。

狭义范畴下的软件系统包含三个子系统：教学支持子系统、学习支持子系统和教学管理子系统。

教学支持子系统主要包括网络课程点拨工具、课件制作工具、网络交流工具、网络作业和考试工具等，其作用是支持教师的网络教学活动。

学习支持子系统主要包括网上学习工具、网上选课工具、学习过程跟踪工具、学习评价工具等，其作用是支持学生的网络学习。

教学管理子系统主要包括组织教学后的管理网络教学资源、统计教学数据的软件系统，其作用是支持教育工作者的教育管理。

三个子系统分别发挥着不同的作用,共同构成一个完整的软件系统,为网络教学提供必要的支持服务。

(3)网络教学平台上的教学活动。教学活动是网络课程的重要内容,常见的网络教学活动有在线交流、实时讲座、在线答疑、分组讨论、练习自测、布置作业、作业讲评、探究性活动等。在网络平台上实施的教学活动有助于促进学生对知识的理解,调动学生的学习兴趣,同时还可以在师生、生生的交流中拉近彼此的距离,构建一个良好的网络课程氛围。

### 7.1.3 网络课程的类型

基于对网络课程结构、内容和功能的分析,网络课程可分为两种类型:以教为主体的网络课程和以学为主体的网络课程。

1. 以教为主体的网络课程

(1)以教为主体的网络课程的组成。以教为主体的网络课程是指以教师知识讲授为主要内容的课程,其内容明确、结构简单,主要包含三个部分:课程名称、流式媒体和文字叙述。

课程名称:该网络课程的名称,通常在页面的最上方显示。

流式媒体:该部分是教师讲授知识的录像,有音频和视频两种形式,学生可结合自身需要选择。

文字叙述:指与音频、视频内容相对应的文字描述部分,通常在页面的下端或右面,作用是对音频、视频内容进行补充。

(2)以教为主体的网络课程的特点。该类型的网络课程主要有以下几个特点。

①内容明确,通常为教师围绕某个知识点或某节内容的讲解。

②与传统的课堂讲授方式非常相似,以教师为主体。

③学生缺少个性化学习和自主性学习的空间,不能与教师和其他同学形成互动交流。

2. 以学为主体的网络课程

(1)以学为主体的网络课程的组成。以学为主体的网络课程是指以学生的自主学习为主的课程。该类型的课程为学生提供了大量的学习资源,学生可以结合自身需求进行自主性和个性化的学习。以学为主体的网络课程主要包含五个部分:学习导航部分、理论学习部分、资源学习部分、案例分析部分和检测评价部分。

学习导航部分：该部分包括路径指引和学习内容定位两方面的内容，作用是帮助学生更快地找到所学内容。

理论学习部分：该部分主要为学生要学习的理论知识，通常以章、节、目的形式呈现。

资源学习部分：该部分包含大量的拓展性学习资源，通常以资源库的形式呈现，作用是帮助学生进行知识的延伸与拓展。

案例分析部分：案例对学生的自主学习而言至关重要，该部分的作用就是为学生提供相应的案例，从而帮助学生加深对知识的理解。

检测评价部分：该部分包括形成性测试和总结性测试两方面的内容，作用是对学生的学习情况进行检测，从而使学生了解自己的学习效果。

（2）以学为主体的网络课程的特点。以学为主体的网络课程具有以下几个特点。

①含有大量的学习资源，为学生的自主学习和个性化学习提供了学习空间。
②学生是主体，学生能够依据个人情况灵活地安排学习时间和学习进度。
③教师和学生的交流并不是在线的，通常以"留言＋回复"的形式出现。

## 7.2 网络课程设计开发

### 7.2.1 网络课程设计开发原则

网络课程的设计开发应遵循课程内容价值性、课程交互性、课程实践性三个原则。

1. 课程内容价值性

价值性是包含网络课程在内的所有课程设计开发都应遵循的基础性原则，因为只有具有价值并能够充分发挥价值的课程才是成功的课程。因此，在设计开发网络课程时，一定要遵循课程内容价值性的原则。具体而言，主要体现在以下三个方面。

（1）教学内容选择。在教学内容选择上，应以基础性内容为主，拓展性内容为辅。基础性内容是学生必须要学习和掌握的内容；拓展性内容则是在基础性内容的基础上延伸和拓展的内容，这些内容有助于进一步促进学生创造力的发展。

（2）教学内容组织。在教学内容的组织上，应采取循序渐进和自主选择相结合的方式。知识建构的过程本身就是一个由简单到复杂的过程，所以知识的组织也需要遵循这一原则，做到循序渐进。除此之外，网络课程面向的对象非常广泛，不同的学生之间存在着差异，所以教学内容组织同时还应该具有一定的自主选择性，从而满足学生个性化学习的需求。

（3）教学内容表现。在教学内容的表现上，采取多种形式相结合的方式。当前的教学媒体可以制作文本、图形、音频、视频等形式的网络课程，不同形式的网络课程不仅可以满足不同学习者的需求，还有助于提升学生的学习兴趣。

2. 课程交互性

在网络课程中，依据交互的延迟性，交互可分为两种形式：一种是即时交互，另一种是非即时交互。即时交互是指学生在课程学习的过程中，针对某个问题进行即时的讨论，这种交互方式有助于引发学生的共鸣，缺点是容易破坏教学的连续性。非即时交互是指将问题放到课程结束后，这样学生和教师都有比较充足的时间去思考问题，而且也不会影响教学的连续性，缺点是大家对问题的感受可能会随着时间的推迟而变淡，从而导致对问题的探讨不够深入。针对不同的教学内容，应采取不同的交互方式，如针对认知类的教学内容，可采取非即时交互的方式，而针对技能类的内容，则可以采取即时性的交互方式。由此可见，两种交互方式各有特点，各有其所适宜的教学内容，在网络课程开发设计中，需要充分考虑这一点，提升课程的交互性。

3. 课程实践性

实践在知识的学习中发挥着非常重要的作用，为了增强网络课程的实践性，在设计开发网络课程时，应确保教学内容呈现的实践性和解决问题的实践性。比如，在课程的设计开发中，可以以问题情境的创设为开始，将教学内容融入问题情境中，引导学生针对问题进行探索，最后以间接经验解决实际问题作为结束。此外，还可以将知识融于生活中，并引导学生将知识用于生活中，做到学以致用。

## 7.2.2 网络课程设计开发流程

在网络课程的设计开发中，既要重视教师的主导作用，也要重视学生的主体作用，"教"与"学"缺一不可，这样才能最大限度地优化教学过程，提高教学效率。具体来说，网络课程的设计开发流程如图 7-1 所示。

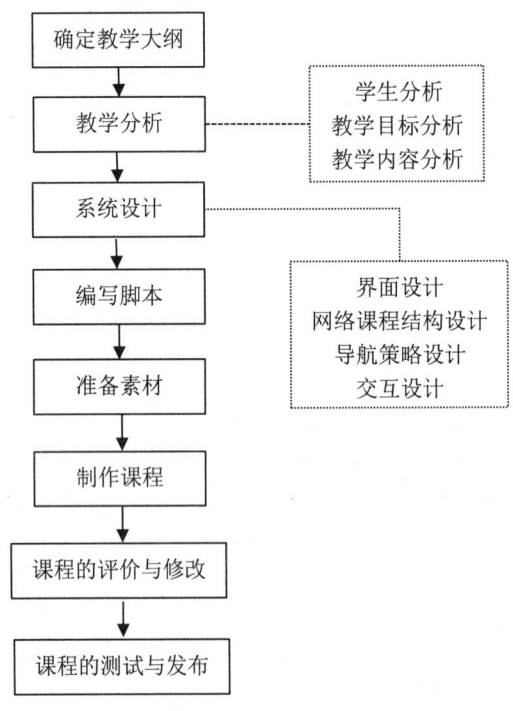

图 7-1　网络课程设计开发流程

1. 确定教学大纲

教学大纲以纲要的形式规定学科内容、深度和范围，一般由说明、正文、实施要求等几部分组成。教学大纲规定了课程的教学目标和课程的实质性内容，是教科书编写的依据，也是衡量教学质量的一个表针，对教学工作的开展发挥着指导性的作用。

2. 教学分析

教学分析主要包括三个方面：学生分析、教学目标分析和教学内容分析。

（1）学生分析。针对学生的分析可以从以下几方面展开：他们是否掌握了课程学习需要的先决知识？他们具有怎样的学习风格？他们期望学到什么样的知识或技能？他们对网络课程的认知程度如何？

（2）教学目标分析。依据教学大纲，按照每一章、每一节、每一课分析教学目标，而在目标的细化上，可以参考加涅的学习目标分类模型，将教学目标分为语言信息、智力技能、认知策略、动作技能、学习态度等几个方面。

（3）教学内容分析。针对教学内容的分析，可以从三个知识类型着手：认知类、动作技能类、问题解决类，其对应的细化内容和课件形式如表 7-1 所示。

表7-1　教学内容的类型及其对应的课件形式

| 资源分类 | | 课件形式 |
| --- | --- | --- |
| 认知类 | 概念 | 资源呈现型课件<br>视频讲授型课件<br>测试型课件 |
| | 原理、规则 | 视频讲授型课件<br>过程模拟型课件 |
| | 认知策略 | 过程模拟型课件<br>视频讲授型课件<br>对话型课件 |
| 动作技能类 | 操作流程 | 视频讲授型课件<br>模拟型课件<br>操作演示型课件 |
| | 操作行为 | 操作练习型课件<br>角色扮演型课件 |
| 问题解决类 | 背景知识 | 视频讲授型课件<br>对话型课件<br>情境模拟型课件 |
| | 解决策略 | 对话型课件<br>情境模拟型课件<br>过程模拟型课件 |

3. 系统设计

网络课程的系统设计主要包含界面设计、网络课程结构设计、导航策略设计和交互设计。

(1) 界面设计。界面设计包括图标设计、菜单设计、窗口设计、按钮设计、反应区设计等。学生的操作是在界面中完成的，为了便于学生操作，并有效呈现教学内容，界面设计需要做到以下几点。

①界面设计美观大方，画面中的内容布局合理，色彩搭配协调。

②所有页面的风格统一，包括图标的设计也需要统一，便于学生记忆和操作。

③标题设计醒目，便于学生搜寻、查找相关信息。

(2) 网络课程结构设计。网络课程的结构设计是网络课程系统设计中的重要一环，其文件结构的设计可以依据章节、网页、媒体类型和组件等建立相应的子目录（每个子目录中的文件数量不宜过多）。在此基础上，建立目录索引表，列举教学单元、教学活动、学习方法、学习时间、学习进度等内容，并让学生了解其结构，从而便于学生找到其所需要的学习页面。

（3）导航策略设计。网络课程的信息量巨大，为了节省学生的使用时间，在设计网络课程系统时，需要考虑导航设计。导航设计需要做到简单、明确、清晰，并符合学生的认知。具体而言，网络课程可以提供的导航策略和方法如下。

①直接导航。该导航可实现直接跳转，只要点击超链接，便可以直接跳转到对应的界面。

②历史记录导航。记住历史记录，学生可以快速跳转到之前浏览过的界面。

③线索导航。记录学生的浏览路径，学生可以沿着该路径返回。

（4）交互设计。在网络课程的系统设计中，交互设计至关重要，因为在网络课程中，学生缺乏与教师和同学面对面交流的机会，但交互却影响着学生学习的效率，所以网络课程的系统设计需要重视交互的设计，这样才能弥补网络课程的不足。关于网络课程中的交互，可分为人机交互和人际交互两类。人机交互是指人与计算机的交互，其表现形式有菜单交互、信息反馈、内容呈现方式交互、搜索界面交互等。人际交互是指学生与教师的交互以及学生之间的交互，包括即时交互和非即时交互两种。无论哪种交互形式，都发挥着重要的作用，在交互设计中，需要将两种交互形式有机结合起来，从而最大限度地提高网络课程的效益。

4. 编写脚本

脚本通常包含课程制作思路、课程内容、教学过程等信息，其作用是指导课程制作人员制作出合适的网络课程。为了便于课程制作人员理解课程的制作思路，脚本的编写必须要做到目标明确、逻辑清晰。对于网络课程而言，其脚本通常包含文字脚本和制作脚本两部分。其中，文字脚本是基础，其作用是阐明制作要求；制作脚本则一般通过填写脚本卡片完成。制作脚本通常有以下几点要求。

（1）明确教学目标，包括各单元的教学目标。

（2）依据教学目标选择教学内容。

（3）选择适当媒体和教学方法。

（4）注意学习理论的应用。

（5）脚本格式的使用必须规范。

（6）考虑计算机的性能，需要满足脚本制作的需求。

脚本范本如表7-2所示。

表7-2  脚本范本

| 资源名称 | | | 年级 | | 学科 | |
|---|---|---|---|---|---|---|
| 知识点路径 | | | | | | |
| 脚本教师 | 姓名 | | | 学校 | | |
| | 电话 | | | 邮箱 | | |
| 场景名称 | 场景一 | | | 场景二 | | |
| | 场景三 | | | 场景四 | | |
| 特别说明 | 此处写明课件整体风格及特殊要求 | | | | | |
| 场景序号 | 场景描述 | | 功能按钮跳转 | 参照素材 | 备注 | |
| 场景一 | | | | | | |
| 场景二 | | | | | | |
| 场景三 | | | | | | |
| 场景四 | | | | | | |

5. 准备素材

素材是网络课程设计开发的重要内容，需要结合设计需求准备相应的素材。网络课程的素材有文本、图像、音频、视频等多种形式，其获取和处理参考本书第四章内容。

6. 制作课程

待素材准备齐全后，便可以开始制作网络课程。制作完成后，需要编写相应的文字材料，包括使用方法、使用环境等文字说明。

7. 课程的评价与修改

关于网络课程的评价，目前国内有多种评价标准，本书参考教育部教育信息化技术标准委员会发布的《网络课程评价标准》，将评价标准分为4个一级指标和36个二级指标，具体内容如表7-3所示。结合评价结果，对课程进行修改和完善。

表7-3  网络课程评价标准

| 一级指标 | 二级指标 | 描述 |
| --- | --- | --- |
| 课程内容 | 课程说明 | 说明整个课程的目标，说明课程所属领域范围、所针对的学习者群体、典型学习时间以及有关的教学建议等 |
| | 内容目标一致性 | 课程内容与课程的学习目标相一致 |
| | 科学性 | 课程内容科学严谨，且能够适当反映、渗透该领域的最新进展 |
| | 内容分块 | 按主题把内容逐级划分为合适的学习单元或模块，每个页面主题明确，每个段落意思集中 |
| | 内容编排 | 针对学生的心理特征，按照各主题之间的逻辑关系合理地组织编排课程内容 |
| | 内容链接 | 针对共同涉及的核心知识点建立页面间的链接；互相链接的资源在意义上密切相关 |
| | 资源拓展 | 提供与课程内容相关的、有学习价值的外部资源链接 |
| 教学设计 | 学习目标 | 各学习单元都有明确具体的学习目标 |
| | 目标层次 | 各主要单元的学习目标中包含应用、分析、综合、评价等高层次的要求 |
| | 学习者控制 | 在学习过程中，学习者能按照自己的需要对学习环境进行个性化定制，控制学习进程，选择和组织学习内容 |
| | 内容交互性 | 课程提供了充分的交互机会，引发学生对学习内容的积极投入、操纵和思考 |
| | 交流与协作 | 结合主要课程内容，设计需要学生讨论或协作解决的问题及相应的要求，讨论交流可以借助教学平台所提供的交流功能而实现 |
| | 动机兴趣 | 采用适当策略吸引学生的注意力，激发和维持学生对课程的学习动机和兴趣 |
| | 知识引入 | 采用适当的策略激活学习者原有的相关知识经验，在此基础上引出新知识 |
| | 媒体选用 | 适当运用文本、图表、图像、音频、视频、动画等媒体形式来表现课程内容 |
| | 实例与演示 | 针对主要课程内容提供有关的实例和演示，在需要时提供多种变式，以促进学生对知识的理解 |

续 表

| 一级指标 | 二级指标 | 描述 |
| --- | --- | --- |
| 教学设计 | 学习帮助 | 在整个学习过程中，学生能获得适应性的学习指导和帮助 |
| | 练习 | 课程提供了不同层次的练习，供学生应用新习得的知识技能 |
| | 练习反馈 | 学生在练习中能得到有意义的反馈 |
| | 追踪评价 | 追踪记录学习过程，包括各单元的学习情况和掌握程度，形成学生可以随时查看的报表 |
| | 结果评价 | 给学生提供关于各单元和整门课程的测验，测验具有较高信度和效度 |
| 界面设计 | 风格统一 | 课程在格式、风格、语言上具有内在一致性，避免给学生造成不必要的分心或认知负担 |
| | 屏幕布局 | 屏幕设计简洁美观，文本、图形等可视元素搭配协调得当 |
| | 易识别性 | 课程中的文字、图形等对象的大小合适，颜色对比适当，在 800×600 分辨率下清晰易辨 |
| | 导航与定向 | 学生无需特殊帮助就可轻松地操作导航路径，自如地访问课程的各个模块，并能确认自己当前的位置 |
| | 链接标识 | 链接明显易辨，有明确的标签，学生在打开链接以前能知道所指向的主题内容 |
| | 电子书签 | 能标记学生学习到的位置，当学生再次登录时能自动定位到上次结束时的位置，并允许学生对特定内容做标记 |
| | 内容检索 | 能通过关键词检索到以各种媒体形式表现的有关内容 |
| | 操作响应 | 对学生的操作做出反馈，利用视觉效果变化或听觉提示等表明操作已经生效 |
| | 操作帮助 | 针对课程的操作使用方法提供明确完整的指导说明 |
| 技术 | 运行环境说明 | 向用户完整、具体地说明课程运行所需的基本硬件要求、网络配置及软件名称和版本 |
| | 安装 | 课程无须安装，或能自动安装，或者学生可以按照提示顺利安装，无须专门技术帮助 |
| | 可靠运行 | 课程能正常、可靠地运行：能可靠地启动和退出，各功能按钮能正常工作，没有链接中断或错误，没有明显的技术故障 |

续 表

| 一级指标 | 二级指标 | 描述 |
| --- | --- | --- |
| 技术 | 卸载 | 学生可以按照屏幕提示或使用标准操作系统的控制面板中的"添加/删除程序"来卸载课程,无须专门技术帮助 |
| | 多媒体技术 | 课程中所采用的媒体格式符合有关技术标准,适合网络传输要求 |
| | 兼容性 | 课程能够适应不同的学习管理系统(LMS),符合关于网络课程的互操作性的规范 |

**8. 课程的测试与发布**

在对网络课程进行评价和初步修改之后,还需要对课程进行测试,即将其进行实际的应用,以此来进一步发现其不足,然后进行修改和完善,直至达到比较理想的效果。

发布就是将最后完善的网络课程上传到网络平台上,实现网络课程的共享,使每一位学生都可以在网络平台上观看和学习。

## 7.3 在线教学平台

### 7.3.1 在线教学平台阐述

1. 在线教学平台的概念与组成

在线教学平台是运用软件工程技术和信息网络技术,实现在线教育的硬件设施和工具软件系统。在线教育平台旨在模仿真实的学习环境,让学生足不出户便可以学到知识。一个完整的在线教学平台通常由三部分组成:课程开发与管理、教学服务与支持、学习与教学管理,如图 7-2 所示。

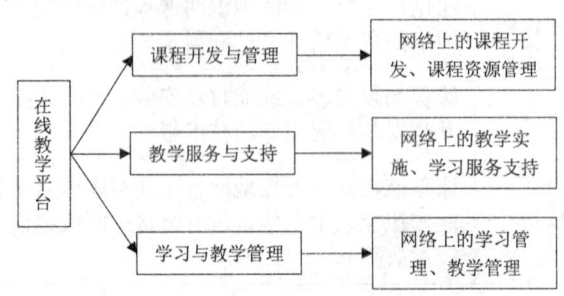

图 7-2 教学平台的组成

**2. 教学平台的价值**

在线教学平台的价值主要体现在以下三个方面。

（1）提供海量资源。在线教学平台具有海量的资源，而且这些资源是面向全球开放共享的，学生可以在平台上结合自身需求选择合适的学习资源。

（2）提供学习环境。在线教学平台在提供海量资源的基础上，还为学习者搭建了一个良好的学习环境。虽然不同的在线学习平台在功能上存在差异，但一般都包含课程点播、学习监控、练习测试、学习评价等功能，这些功能是搭建学习环境的基础，是学生系统性学习的重要保障。

（3）提供互动学习社区。在线教学平台不受时间和空间的限制，不同地区的教师和学生可以实现互动交流（包括即时交流和非即时交流），这对提升学生学习的主观能动性，拓展学生的思维都具有非常积极的作用。

**3. 在线教学平台的系统构成**

在线教学平台是一个由硬件设施和工具软件构成的复杂系统，其软件部分又分为多个子系统，每个子系统发挥着不同的功能作用。在线教学平台软件系统一般由6个子系统组成：学习子系统、内容管理子系统、学习管理子系统、考试管理子系统、用户管理子系统和运营管理子系统，如图7-3所示。

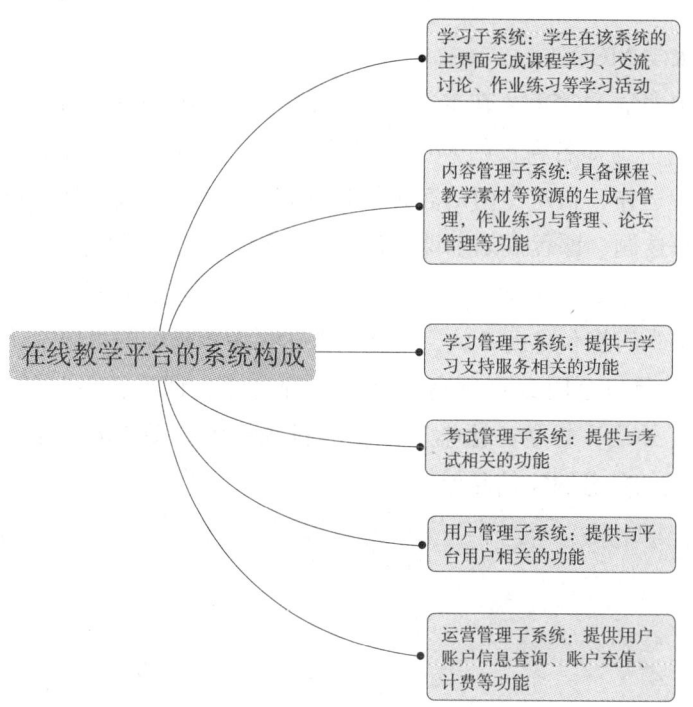

图7-3　在线教学平台的系统构成

### 7.3.2　在线教学平台介绍

目前，国内外的在线教学平台有很多，并且各具特色。下面，从国外和国内在线教学平台中各选取一个做简要介绍。

1. edX

edX 是由麻省理工学院与哈佛大学于 2012 年联合创建的在线课堂平台，旨在为大众提供免费在线教育。该平台不仅为学生提供大量的在线课程，还为完成课程的学生颁发在线证书（证书没有等级之分，只代表学生完成了该课程的在线学习）。

edX 具有以下几个特点：

（1）课程面向大众免费开放，学生无须缴纳任何费用。

（2）课程涵盖诸多学科领域，能够满足绝大多数学生的学习需求。

（3）课程周期较短，一般在 10～12 周。

（4）课程简介清晰明了，学生通过课程简介便可以获取学习周期、学科、授课语言、课程级别等信息。

（5）平台是基于开源软件的网络学习平台，任何大学都可以使用该软件开展在线教学。

2. 中国大学 MOOC

关于中国大学 MOOC，在本书第四章第一节已做过简单介绍，该教育平台旨在向大众提供中国知名高校的 MOOC 课程。为了确保课程质量，课程由各校教务处统一管理运作，指定专门的教师制作课程。课程从选题到证书颁发一共有 9 个环节：课程选题、课程规划、课程设计、课程拍摄、录制剪辑、课程上线、论坛答疑、作业批改、证书颁发。学生在线学习的过程包括观看视频、参与讨论、提交作业、课堂问答和终极考试，考试结果达到考核标准的可申请认证证书。

目前该平台与全国数百所高校都有课程合作，课程涉及计算机、心理学、工学、理学、外语、哲学、法学等诸多学科领域。如图 7-4 所示，是中国大学 MOOC 平台上的部分国家精品课。

# 第 7 章 网络课程与在线教学

图 7-4　中国大学 MOOC 平台上的部分国家精品课

## 7.4　在线教学模式

### 7.4.1　同步在线教学模式

1. 同步在线教学的概念

同步在线教学是教师和学生在同一时间、不同地点进行互动和教学的一种教学模式。该模式通常借助实时通信媒体来构建虚拟教师，能够实现"一对一"或"一对多"的教学。同步在线教学模式如图 7-5 所示。

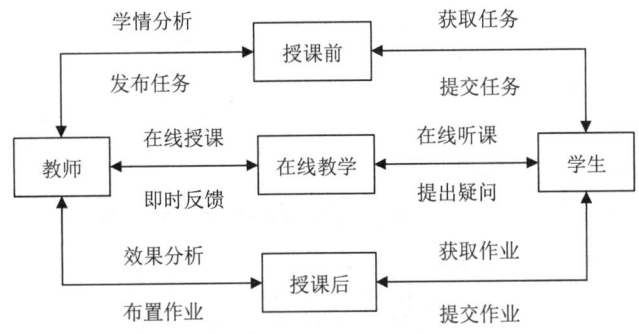

图 7-5　同步在线教学模式示意图

2. 同步在线教学平台

直播系统和视频会议平台具备文字研讨、演示文稿展示、多人音频交流等功能，这些功能能够满足同步在线教学的需要。目前常用的同步在线教学平台有腾讯会议、钉钉、CCtalk 等。下面，简要介绍腾讯会议和钉钉两个平台。

（1）腾讯会议。腾讯会议是一款音视频会议产品，具有以下优点。

①高效云端协作。协作白板、共享屏幕、在线文档等让协作更加高效。

②操作简便。支持手机、平板电脑、电脑、会议室一键入会，并且无须下载客户端，小程序即开即用。

（2）钉钉。钉钉是一款移动办公平台，支持视频会议、群直播，所以被广泛用于在线教学中。钉钉具有以下优点。

①实时互动。随时随地发起视频会议，最高支持 302 人同时在线，支持共享窗口同步文件。

②数据统计。可视化统计学生观看直播的情况。

3. 开展同步在线教学的注意事项

开展同步在线教学时，有以下几点需要注意。

（1）要注意培养学生的自主学习能力，以任务或问题驱动学生进行自主探究。

（2）组织学生开展小组合作学习，并实施组内、组间互评，培养学生的合作交流能力。

（3）注重学生的课后辅导，可集中在某个时间段对学生进行统一辅导。

### 7.4.2 异步在线教学模式

1. 异步在线教学的概念

异步在线教学是指教师的"教"和学生的"学"在时间和空间上都是分离的。该种教学模式具有较大的灵活性，学生可以结合自身的实际情况灵活地支配时间，控制学习进度，能够满足学生个性化学习和自主性学习的需求。

2. 异步在线教学的流程

异步在线教学的流程如下：

（1）教师依据教学计划录制教学视频，上传到在线学习平台；

（2）学校定期组织学生登录在线教学平台，选择课程；

（3）组织学生在线学习，也可以开展翻转课堂学习模式；

（4）组织学生开展学习活动，如小组合作探究活动、实践活动等；

（5）对学生学习情况进行测评，包括单元测评和期末测评。

3. 异步在线教学平台

可以开展异步在线教学的平台很多，常用的有爱课程网、中国大学MOOC、录播课平台、学堂在线等。此处，以爱课程网为例做简要介绍。

爱课程网是教育部、财政部"十二五"期间启动实施的"高等学校本科教学质量与教学改革工程"支持建设的高等教育课程资源共享平台，旨在为广大师生提供优质的教育资源。该平台具有搜索、浏览、评价、课程包导出、互动参与等功能，具有视频公开课、在线开放课程等教学视频资源，能够满足异步在线教学的需求。

4. 开展异步在线教学的注意事项

开展异步在线教学，有以下几点需要注意。

（1）为了确保教学视频的质量，教师在录制视频前需要做好详细的教学设计。

（2）异步在线教学不是简单地堆砌教学资源，而是能够针对某一课程形成系统，使学生接受比较完整的教育。

（3）在异步教学中，学习支持也非常重要，所以教师需要组织讨论、答疑等活动，还需要布置课后作业，使学生所学知识在课后得到巩固。

（4）教师应采取一些激励方式保持学生学习的持续性。

### 7.4.3　在线翻转课堂教学模式

1. 在线翻转课堂教学的概念

在线翻转课堂是相较于传统课堂而言的，作为一种新型的教学模式，在线翻转课堂将知识获取的过程放在课外，学生在课前进行自主学习，课堂则成为学生探讨问题以及教师答疑的场所。此外，在在线直播课堂中，教师还可以设置一些练习，以此来检测学生知识的掌握情况，并进一步巩固和延伸知识。

2. 在线翻转课堂教学的流程

在线翻转课堂教学包括课前、课中和课后三个阶段，其流程如图7-6所示。

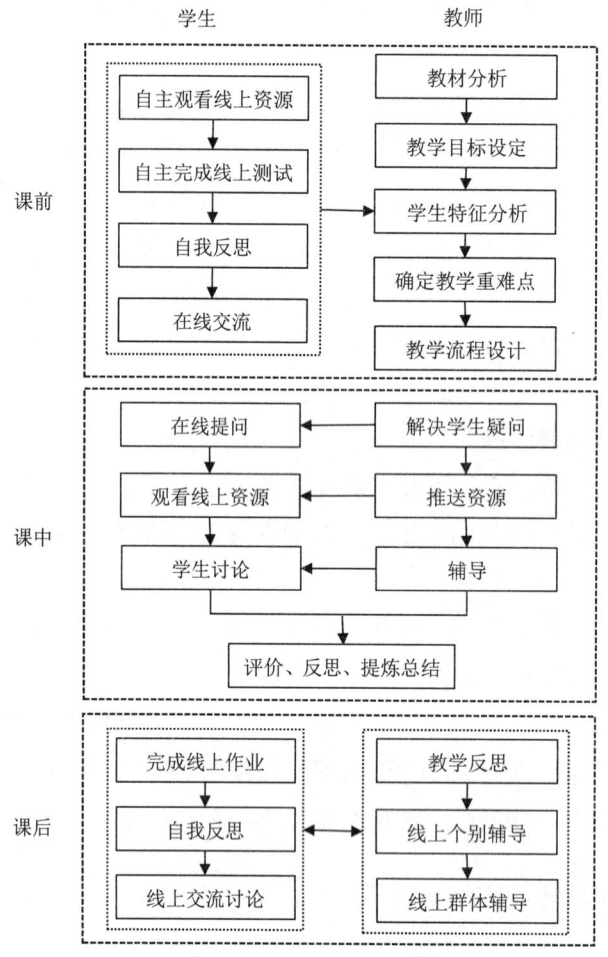

图 7-6 在线翻转课堂教学流程

3. 在线翻转课堂教学平台

很多平台都支持在线翻转课堂教学,常用的有腾讯课堂和可汗学院。下面,便针对这两个平台做简要介绍。

(1)腾讯课堂。腾讯课堂是一个在线教育平台,平台内含有大量的精品课程,能够满足学生课前自主学习的需求。腾讯课堂具有播放音视频、在线直播、PPT分享、语音连线、签到等功能,学生可以利用电脑、平板电脑、手机等设备进行在线学习。

(2)可汗学院。可汗学院是一家教育性的非营利组织,其创立初衷是为全世界所有人提供免费的一流教育。该平台含有几千部教学视频,具有视频播放、练习检测、互动交流等功能,能够为在线翻转课堂教学模式的实施提供支持。

**4. 开展在线翻转课堂教学的注意事项**

开展在线翻转课堂教学，有以下几点需要注意。

（1）翻转课堂强调学生的主体作用，所以在课程设计中，教师要注重学生主体性的发挥。

（2）为了提高学生课前学习的效率，教师可以引导学生开展小组合作学习或者同伴互助的学习方式。

（3）为了实现更有针对性的评价和引导，教师可使用多种学情分析工具，更加全面地了解学生的学习情况。

### 7.4.4 基于学习社区的协作学习模式

**1. 基于学习社区的协作学习的概念**

此处所指的学习社区是基于互联网的虚拟学习社区，由教师、社区互动和技术三个维度组成。借助虚拟的学习社区，教师可以对学生进行引导，学生也可以实现实时的讨论，其模式如图 7-7 所示。

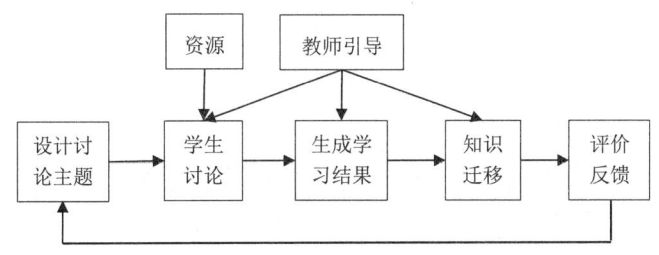

图 7-7 基于学习社区的协作学习模式示意图

**2. 基于学习社区的协作学习平台**

基于学习社区的协作学习平台有很多，如学习元知识社区、知乎平台、Knowledge Forum 平台、Edmodo 平台等。下面，简要介绍学习元知识社区和知乎两个平台。

（1）学习元知识社区。学习元知识社区是基于学习元（学习元是一种适合泛在学习和非正式学习，具有可重用特性，支持学习过程信息采集和学习认知网络共享，可实现自我进化发展的微型化、智能化、数字化的学习资源）这一理念构建的一个支持泛在学习的开放性资源平台。该平台包括六大功能模块：学习元、知识群、学习社区、课程、资源中心和个人学习空间，具有学习元创作、学习活动管理、内容协同编辑、资源检索、社区学习与交互、个性化学习等功能，是学生在线协作学习的重要平台。

（2）知乎平台。知乎是一个基于互联网的问答社区，人们可以在该平台提出问题和回答问题，其本质是一个大众论坛。在知乎专栏中可以建设课程，课程内容的形式是多样的，文字、图片、视频皆可，学生可以通过浏览、评论、留言等方式和教师或其他学生交流互动。

3. 开展基于学习社区的协作学习的注意事项

开展基于学习社区的协作学习模式，有以下几点需要注意。

（1）社区内的学习资源要丰富，这是决定社区成员活跃度的一个重要因素。

（2）教师应引导学生构建学习社区的生态文化，这样有助于规范学生行为，并促进集体性的知识沉淀。

### 7.4.5 基于学科工具的自主学习模式

1. 基于学科工具的自主学习的概念

自主学习是相对传统接受式学习而言的，是指以学生作为学习的主体，通过阅读、观察、研究、实践等方式获取知识的一种行为方式。基于学科工具的自主学习就是借助现代学科工具辅助学生构建自己的知识体系，其模式如图 7-8 所示。

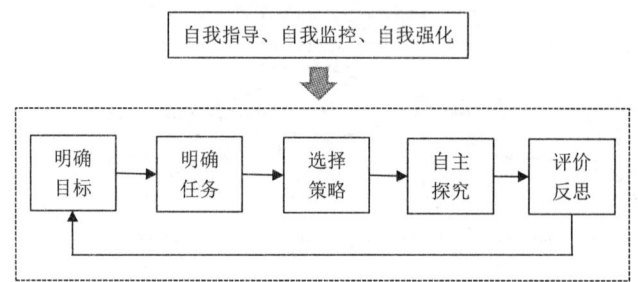

图 7-8　基于学科工具的自主学习模式示意图

2. 常用学科工具

在基于学科工具的自主学习模式中，常用的通用性工具有洋葱学园，该工具涵盖数学、语文、英语、物理、化学等学科的课程，并且实现了从小学到高中的多学科全面覆盖。除了洋葱学园之外，还有一些针对性的学科工具，如表 7-4 所示。

表7-4　学科工具

| 学科 | 学科工具 | 工具特色 |
| --- | --- | --- |
| 英语 | 微软小英 | 具有情景模拟、情景对话、易混音练习、跟读训练等功能 |

续 表

| 学科 | 学科工具 | 工具特色 |
|---|---|---|
| 语文 | 有道语文 | 丰富的词库，详细的初高中考点 |
| 化学 | 土豆化学 | 虚拟实验，具有很强的趣味性 |
| 物理 | 物理大师 | 涵盖初中高中物理知识，提供模块化辅导 |
| 政治 | 学习中国 | 资源丰富，内容权威，支持交互 |

3. 开展基于学科工具的自主学习的注意事项

开展基于学科工具的自主学习，有以下几点需要注意。

（1）注重学生自我效能感的建立，这有助于提高学生自主学习的效率。

（2）注重学科工具和学科内容的融合程度，这样才能充分发挥学科工具的作用。

（3）针对自主学习效率较低的学生，教师可采取教师指导、同伴辅助、脚手架等策略。

### 7.4.6 基于认知工具的支架式教学模式

1. 基于认知工具的支架式教学的概念

支架式教学就是为学生提供一种概念框架，从而促进学生对知识的理解和建构。概念框架是围绕学生的"最近发展区"建立的，符合学生的发展规律，有助于将学生从一个水平顺利地提升到另一个水平。基于认知工具的支架式教学就是借助信息技术环境下发展起来的认知工具，辅助学生建立概念框架，最终完成对知识的意义建构。基于认知工具的支架式教学模式如图 7-9 所示。

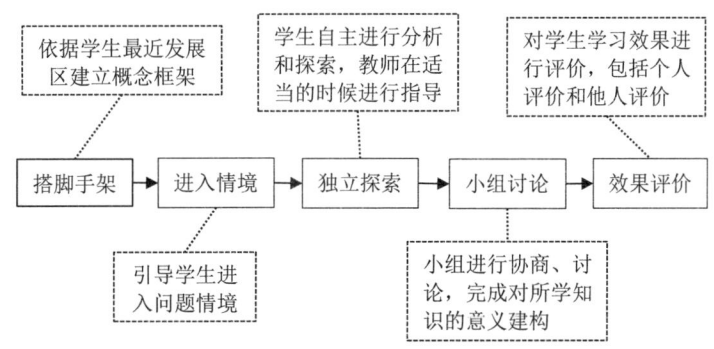

图 7-9 基于认知工具的支架式教学模式示意图

## 2. 常用的认知工具

常用的认知工具有思维导图、图形计算器、Phet、Inspiration等，其中，思维导图的应用最为普遍，所以在此简要介绍思维导图这一认知工具。

思维导图是一种实用性很强的思维工具，它能够将各级主题的关系通过层级图的形式表现出来，这无疑有助于学生的系统化思考。此外，作为一种辅助思维外化的工具，它有助于学生梳理思维，对知识进行思维化的表达，并增加对知识的记忆、组织和理解。目前，可辅助制作思维导图的软件有很多，如百度脑图、XMind、MindMaster等。

## 3. 开展基于认知工具的支架式教学的注意事项

在开展基于认知工具的支架式教学时，有以下几点需要注意。

（1）概念框架的构建要考虑学生的认知水平，以学生的"最近发展区"为依据。

（2）学习支架只是一个辅助性的工具，在必要的时候可以将其撤去。

### 思考与练习

1. 简述网络课程的构成。
2. 简述网络课程设计开发的流程。
3. 在线教学模式有哪些？
4. 选择一门与本专业相关的在线课程进行自主学习，总结课程特点与自身收获。

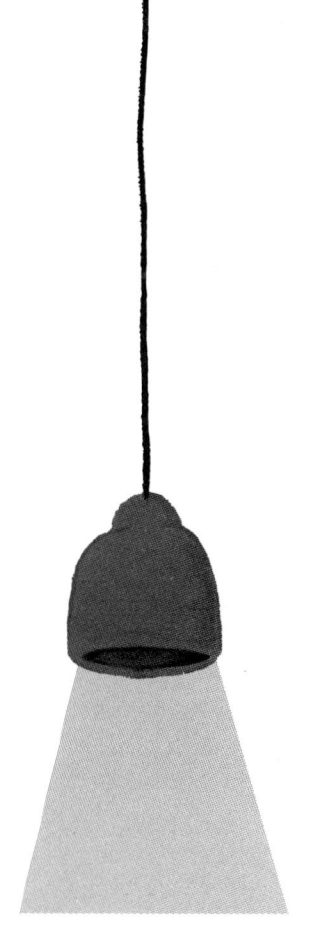

# 模块四　延伸与展望

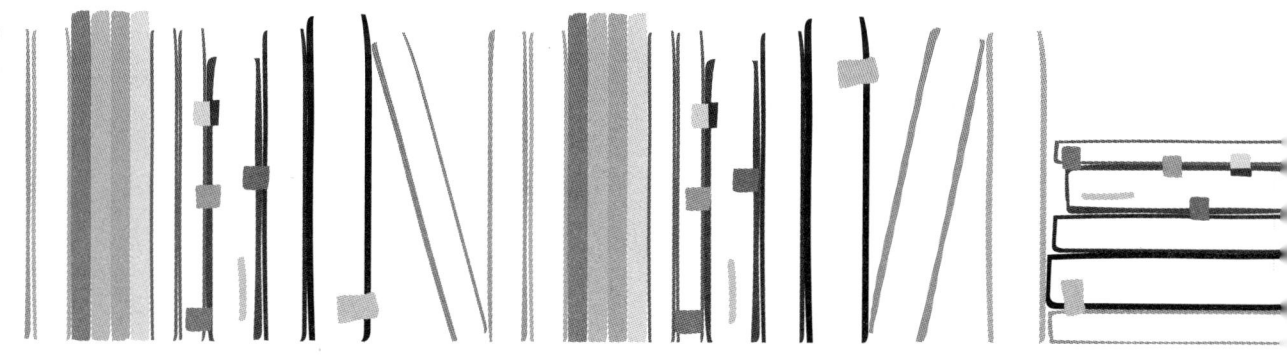

# 第 8 章　新技术持续赋能教育教学

## 学习目标

★ 初步了解虚拟仿真技术、大数据技术和人工智能技术。
★ 了解虚拟仿真技术、大数据技术和人工智能技术在教育领域中的应用。

## 8.1　虚拟仿真技术 + 教育

### 8.1.1　虚拟仿真技术

1. 虚拟仿真技术的概念

虚拟仿真技术又称虚拟现实技术，它是仿真模拟技术与虚拟现实技术结合的产物，是综合利用计算机图形系统和各种现实及控制等接口设备，在可交互的三维环境中提供沉浸体验的技术。虚拟仿真技术涉及人机交互技术、传感技术、计算机图形学、人工智能等技术，是随着计算机技术发展而逐渐形成的一种新技术。随着虚拟仿真技术的发展，其应用的领域在不断拓宽，如今已拓展至教育领域，虽然整体应用还不成熟，但已成为现代教育技术追捧的一项重要技术。

2. 虚拟仿真技术的关键技术

（1）实时三维图形技术。实时三维图形技术是一项充满挑战的前沿技术，可应用于教育、军事、游戏、影视等诸多领域。目前，三维图形生成技术已经比较成熟，关键在于如何实现"实时"，这就需要图形的刷新频率不低于 15 帧 / 秒，甚至高于 30 帧 / 秒。

（2）动态环境建模技术。在虚拟现实系统中，虚拟环境的营造是核心内容，而要营造虚拟环境，需要先建模，然后进行实时绘制、立体现实，最后形成一个虚拟的世界。环境建模需要基于听觉、视觉、味觉、触觉等多种感觉通道，这样才能使其模型更具真实性。

（3）立体显示和传感器技术。立体显示技术利用人眼的立体视觉特征可以呈现立体的图像，传感器技术则可以获取信息并将获取的信息转换成信号输出。立体显示和传感器技术的研究都不是非常成熟，这导致虚拟仿真设备的跟踪精度和跟踪范围也有待进一步提高。

（4）系统集成技术。在虚拟仿真系统中，各个系统都是依据各自的规律开发出来的，它们自成体系，而要使虚拟仿真系统正常地工作，则需要将这些系统相互协调起来，形成统一的整体。系统集成技术便发挥着桥梁的作用，它将各个子系统联系起来，使其形成一个完整的系统。

3. 虚拟仿真技术的特点

（1）交互性

交互性是指用户在虚拟环境中的操作能够得到反馈。在虚拟环境中，虚拟系统能够让用户和环境之间产生相互作用，当用户进行某种操作时，环境会相应地做出某种反馈。比如，当用户在虚拟空间中触碰某个物体时，用户手上会得到某种反馈，同时物体的状态也会发生变化。

（2）沉浸性

沉浸性就是让用户能够沉浸到虚拟环境中，这是虚拟仿真技术的一个主要特征。虚拟仿真技术创造的环境虽然是虚拟的，但通过环境对用户感知系统（包括味觉、嗅觉、触觉、运动感知等）的反馈作用，却可以使用户产生心理沉浸，并使用户感觉仿佛进入了一个真实的世界。

（3）虚拟性

虚拟仿真技术所创造出的环境既可以是现实世界中存在的，也可以是现实世界中不存在的，但无论哪种环境，都是虚拟的，是人利用计算机等工具模拟出来的。

### 8.1.2 虚拟仿真教育技术

1. 虚拟仿真教育技术的概念

何谓虚拟仿真教育技术，从字面意思来看，就是虚拟仿真技术＋教育，但由于不同领域对虚拟仿真技术的要求存在差异，所以当应用到某个具体的领域时，这个"＋"便不是简单地将二者加和，而是需要结合其应用领域的特征对虚拟仿真技术做进一步设计、开发和利用。由此，虚拟仿真教育技术的概念可界定如下：虚拟仿真教育技术是基于教育教学特征，对虚拟仿真技术进行设计、开发和利用，以促进教育教学质量提升的一种新技术。

2. 虚拟仿真教育技术的应用

随着虚拟仿真技术的发展及其与教育领域融合程度的不断加深，虚拟仿真教育技术在教育教学的应用越来越普遍，所发挥的作用也越来越大。具体而言，虚拟仿真教育技术的应用主要体现在以下几个方面。

（1）支持教学与科学研究。当前，许多高校相继建起了虚拟现实与系统仿真的实验室，用于支持教育教学和科学研究。相较于传统实验室而言，虚拟实验室有着诸多优势。

①零风险。在真实的环境中进行实验，由于操作不当可能会带来各种危险，而在虚拟实验室中，学生和教师可以放心地进行操作，甚至可以大胆地试错，不存在任何风险。

②成本低。有些实验对设备、场地的要求很高，而且需要消耗大量的实验材料，这无疑会带来高额的实验成本。而在虚拟实验室中，设备、材料等都是虚拟的，学生和教师可以重复地进行实验，无须担心因为实验材料的消耗而带来高额的实验成本。

③打破时空限制。有些实验受时间、空间的限制，很难在现实环境中进行重复操作，而在虚拟实验室中，则可以打破时空的限制，自由控制时间和空间，从而提高实验的效率。

当然，由于虚拟仿真教育技术还不是十分成熟，有些实验并不能依靠该技术去模拟呈现，这是其局限所在。

（2）虚拟仿真实训基地。现代教育非常重视学生实践操作能力的培养，但有些学校受场地和设备的限制，并不能满足学生实践操作的训练需求。而借助虚拟仿真教育技术，便可以将实训基地模拟出来，让学生在模拟的场景中进行操作训练，以此来锻炼学生的实践操作能力。例如，在飞机驾驶的虚拟环境中，学生可以反复地进行训练，熟悉设备的操控，最终达到初步掌握驾驶技术的教学目标。当然，虚拟仿真的实训基地和真实的实训基地仍然存在一定的差距，但用于补充理论教学，初步锻炼学生的实践操作能力，仍具有一定的意义。

（3）虚拟仿真校园。虚拟仿真校园也是虚拟教育技术在教育领域应用的一个发展方向。目前，受技术的限制，虚拟仿真校园主要供学生或家长游览，这样，学生和家长无须到校园中便可以身临其境地感受校园环境。随着技术的发展，虚拟仿真校园将会进一步应用到教育教学之中。比如，为远程教育提供可移动的教育场所，以此来提高远程教育的质量。再如，为社会提供技术培训，从而创造更大的社会价值和社会效益。

目前，受虚拟仿真技术的限制，虚拟仿真教育技术的应用存在一定的局限性，但我们相信，随着虚拟仿真技术的发展，其和教育的融合将会进一步深入，虚拟仿真教育技术在教育领域的应用也会越来越广泛并发挥越来越重要的作用。

## 8.2 大数据技术 + 教育

### 8.2.1 大数据技术阐述

1. 大数据技术的概念

关于大数据的概念，目前并没有统一的界定，学者们只是用这一术语描述难以用传统软件技术和方法分析的超大型复杂数据。比如，何克抗认为，大数据就是一般软件工具难以捕捉管理和分析的海量数据，通过对这些海量数据的交换、整合、分析可以发现新知识、创造新价值，从而带来大知识、大科技、大利润和大发展。[①] 再如，董春雨等人认为，大数据是一种思维方式，一种世界观和理解世界的方式。[②] 由此可见，大数据在本质上仍旧是一种数据，只是相较于传统数据而言，其容量非常之"大"。而大数据技术，则是指应用大数据的技术，涵盖各类大数据平台、大数据指数体系等大数据应用技术，其作用是从海量的数据中快速获取有价值的信息。

2. 大数据技术的关键技术

大数据技术主要包括五项核心技术：大数据采集技术、大数据预处理技术、大数据存储及管理技术、大数据分析及挖掘技术、大数据展现与应用技术。

（1）大数据采集技术。大数据采集技术主要完成对数据的采集，数据包括RFID数据、传感器数据、用户行为数据、社交网络交互数据及移动互联网数据等各种类型的结构化、半结构化及非结构化的海量数据。面对数量巨大、类型繁杂的数据，传统的数据采集方式无法胜任，而大数据采集技术则可以提高数据采集的效率，同时避免重复数据。

（2）大数据预处理技术。一般来说，已采集到的数据大多是"脏"数据（不完整、含噪声、不一致），因此，需要对数据进行预处理，而大数据预处理技术需要完成的就是对已采集数据的辨析、抽取、清洗等操作。

---

[①] 何克抗.大数据面面观[J].电化教育研究，2014, 35(10): 8—16, 22.

[②] 董春雨，薛永红.数据密集型、大数据与"第四范式"[J].自然辩证法研究，2017, 33(5): 74—80, 86.

辨析：对数据进行初步的识别、比对和分析。

抽取：将复杂的数据转化成便于处理的构型。

清洗：将一些没有价值的数据和一些错误的干扰项过滤掉。

（3）大数据存储及管理技术。大数据存储及管理技术主要完成的是对数据的存储、建立数据库，并进行管理和调用等操作。由于数据呈现的方法很多，包括结构化、半结构化、非结构化的数据形态，这使得传统的存储模式无法满足大数据时代的需求，而大数据存储及管理技术解决的就是这一问题。

（4）大数据分析及挖掘技术。大数据分析技术包括改进已有数据挖掘和机器学习技术；开发数据网络挖掘、特异群组挖掘、图挖掘等新型数据挖掘技术；突破基于对象的数据连接、相似性连接等大数据融合技术；突破用户兴趣分析、网络行为分析、情感语义分析等大数据挖掘技术。

数据挖掘是指从大量的、不完全的、有噪声的、模糊的、随机的实际应用数据中，提取隐含在其中的人们事先不知道但又是潜在有用的信息和知识的过程。就大数据挖掘技术发展的现状来看，应重点突破五个方面：①可视化分析；②数据挖掘算法；③预测性分析；④语义引擎；⑤数据质量和数据管理。

（5）大数据展现与应用技术。大数据展现与应用技术包括大数据检索、大数据可视化、大数据应用、大数据安全等技术。大数据展现与应用技术主要完成的是对数据的呈现和表达，并将其应用到人类的社会经济活动中，从而提高各个领域的运行效率。

### 8.2.2 大数据技术在教育领域的应用

1. 大数据技术在教育领域应用的技术框架

大数据在教育领域的应用包括数据采集、数据处理、数据分析与呈现、数据应用服务四个方面，其技术框架如图8-1所示。

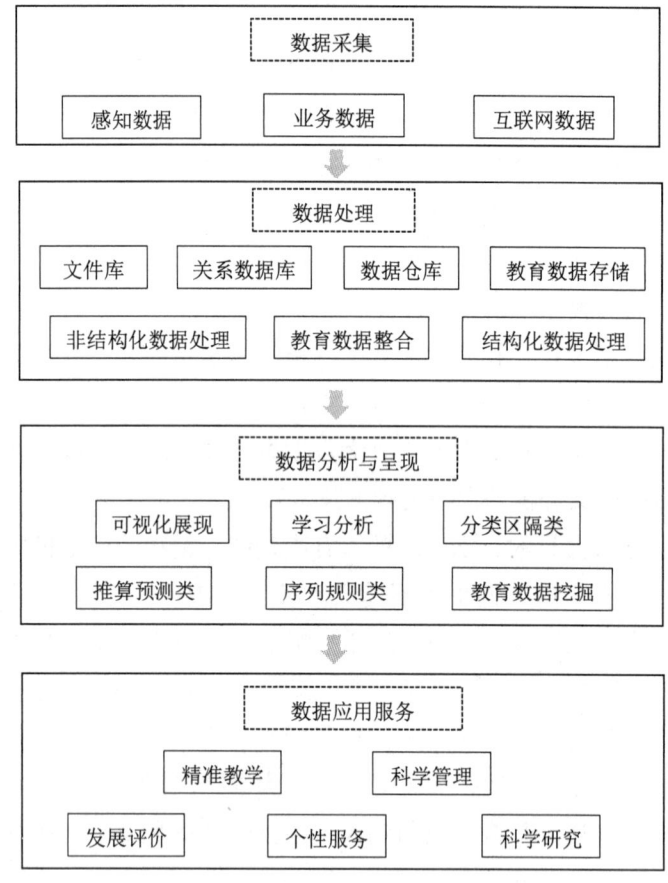

图 8-1　大数据技术在教育领域应用的技术框架

2. 大数据技术在教育领域的具体应用

（1）促进教学模式的变革。传统教学模式以"教师、教材、课堂"为中心，这种"三中心"的教学模式忽视了学生的主体作用，不利于学生能力的发展。因此，现代教育开始向"学生中心"的模式转变，如翻转课堂就是一种以学生为主体的教学模式。当然，以学生为中心的教学模式强调的是学生的主体作用，并不是让学生完全进行知识的自主学习，在该模式中，教师仍旧发挥着重要的引导作用。对学生进行引导时，了解学生的学情是基础。借助大数据技术，教师可以得到更加精准化的学情分析，这有助于教师制定更具有针对性的指导方案，从而使"学生中心"这一教学模式的教学效率得到提升。

（2）驱动研究范式的转型。教育研究在教育教学中发挥着重要的作用，其研究成果可直接应用于教育教学，也可作为教育教学实践的重要依据。在传统的教育研究之中，由于受技术的局限，虽然可以采用调查法、统计法等方法进行数据的收集和分析，但效率却并不理想，这导致量化研究的成果也不尽如人意。而借助大数据技术，教育数据收集和分析的效率都会获得极大的提高，这对于提高量化研究的效率无疑具有非常积极的意义。

（3）提升教育管理的效率。教育管理在很大程度上影响着学校的发展，也影响着学生的发展。一些学校的管理者在学校管理的过程中，由于无法全面、及时掌握学校相关信息，常常导致其管理策略的制定出现滞后的情况。而在大数据时代，学校管理层应转变思维，从传统的经验管理走向以数据为基础的科学管理，形成"用数据说话"的理性思维。不可否认，数据不能完全反映一个学校的情况，但数据是直观的，也是客观的，而且借助大数据技术，数据的获取、分析和利用也变得更加便捷，这对于提高教育管理的效率无疑也具有非常积极的意义。

## 8.3 人工智能技术 + 教育

### 8.3.1 人工智能技术阐述

1. 人工智能的概念

人工智能是研究、开发用于模拟、延伸和扩展人的智能的理论、方法、技术及应用系统的一门新的技术科学。人工智能是计算机科学的一个分支，它力图揭示智能的本质，并生成一种新的能以人类智能相似的方式作出反应的智能系统。

人工智能除涉及计算机科学外，还涉及自动化、信息论、生物学、心理学、仿生学、语言学等多门学科，其所涵盖的技术领域也非常广泛，包括图像识别、语言识别、机器人、自然语言处理、智能设备等。目前，人工智能在教育教学中的应用已经逐步被人们所接受，"人工智能技术 + 教育"将成为教育未来发展的方向。

2. 人工智能的关键技术

人工智能普遍包含机器学习、知识图谱、自然语言处理、人机交互、计算机视觉、生物特征识别、虚拟现实/增强现实七个关键技术，如图 8-2 所示。

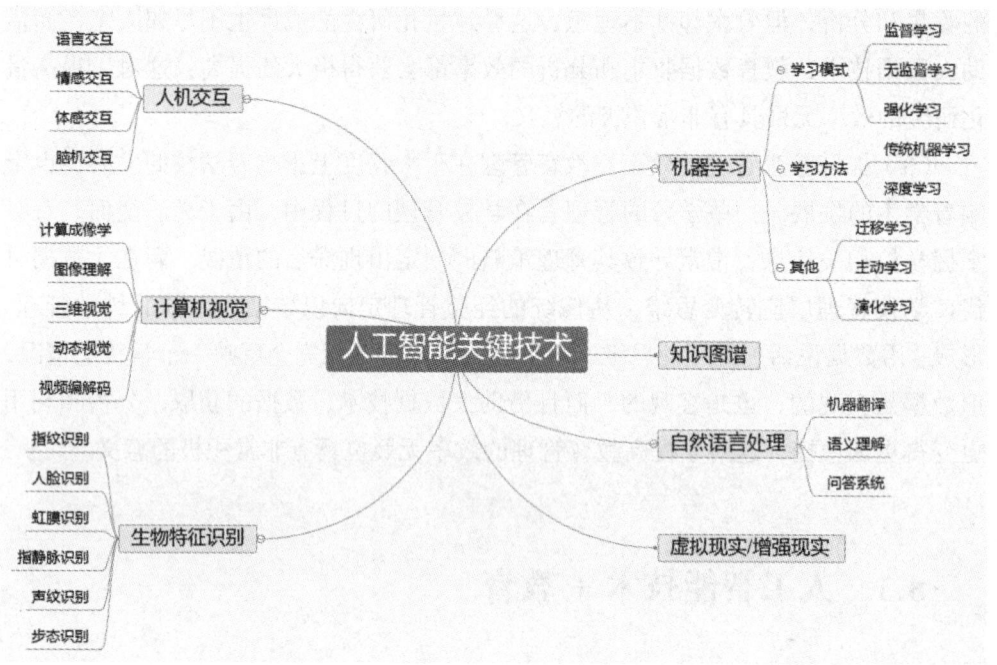

图 8-2 人工智能的关键技术

## 8.3.2 人工智能技术在教育领域的应用

1. 智能教学系统

智能教学系统是在计算机辅助教学上的进一步发展，其作用仍旧是为学生提供全方位的学习服务。智能教学系统基于自然语言处理、OCR 识别、数据挖掘等技术，能够针对不同学生的不同特点制定相应的教学策略，从而满足学生个性化学习的需求。在传统教学中，最大的困难就是掌握每一个学生的学习情况，而智能化的教学系统则可以详细记录每一个学生的学习情况，并辅助教师对学生进行快速、精准的分析，从而助力教师及时调整教学策略，提高教学效率。

2. 智能决策支持系统

智能决策支持系统是决策系统与人工智能相结合的一个辅助决策系统，其工作原理如图 8-3 所示。在教育教学中，有很多复杂的问题需要做出决策，而教育工作者把很多时间和精力都投入到了教学之中，这使得他们没有充足的时间和精力去对复杂的问题进行分析并做出决策。而借助智能决策支持系统，教育工作者可以节省很多的时间和精力，他们只需在智能决策支持系统做出的决策基础上进行分析然后做出决策，即可。目前，智能决策支持系统在教育领域的应用并不普遍，但其在教育领域凸显的发展潜力决定了这将是"人工智能 +

教育"的一个发展方向。

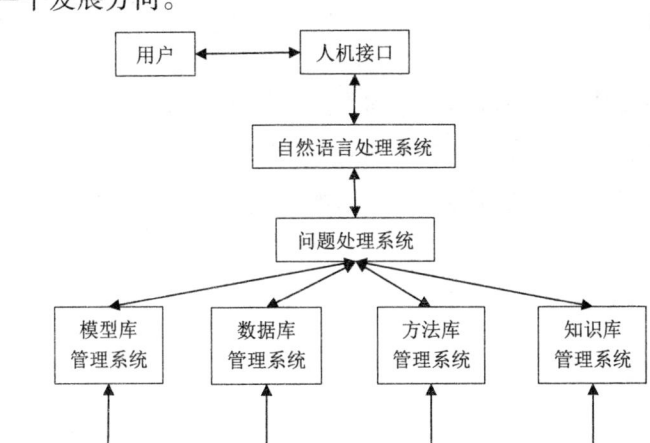

图 8-3　智能决策支持系统的工作原理

3. 教育机器人

教育机器人目前已广泛应用于教育领域,其作用是辅助学生学习、激发学生学习兴趣,促进学生综合能力的发展。教育机器人能够和学生进行交流,由于其具有极强的数据分析能力,所以与学生的交流越多,对学生的了解就越深入,也就能够提供更具针对性的辅导。当然,虽然教育机器人的应用非常广泛,但其技术还不成熟,机器人和学生对话的流畅性相对有限,对学生教育的辅导也并不理想。但我们相信,随着技术的不断发展,教育机器人将成为学生学习的良师益友。

### 知识拓展

#### 人工智能技术开放性平台

1. 腾讯人工智能开放平台
2. 百度人工智能开放平台
3. 阿里云人工智能开放平台
4. 科大讯飞开放平台

思考与练习

1. 阐述虚拟仿真技术、大数据技术和人工智能技术的概念。
2. 简述虚拟仿真技术、大数据技术和人工智能技术在教育领域的应用。
3. 自主查询资料,了解还有哪些新技术可以持续赋能教育教学。

## 模块五　操作与实践

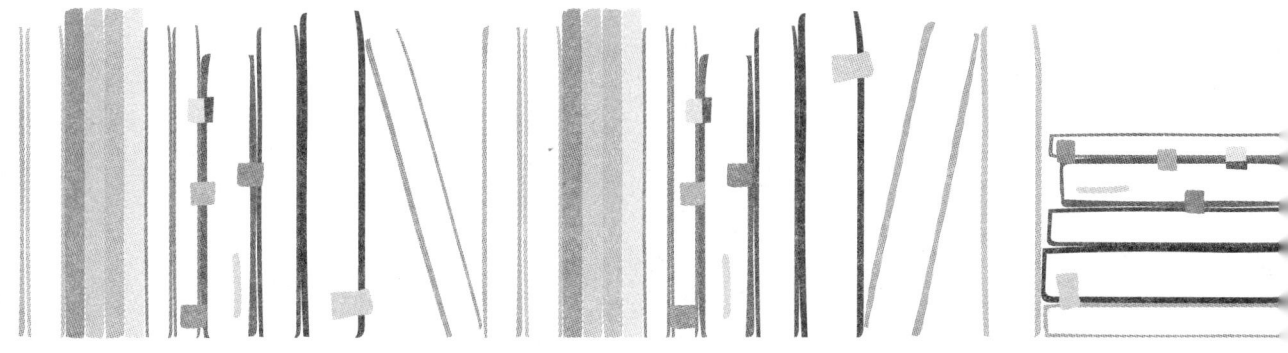

# 第 9 章　信息化环境操作

## 学习目标

★ 掌握线上线下教学工具的操作。
★ 掌握信息化资料的收集。
★ 了解信息化教学下数据安全要求。

## 9.1　线下教学空间操作

### 9.1.1　简易多媒体讲台操作

1. 多媒体系统构成

标准的多媒体系统主要由讲台、显示设备、播放设备、控制设备等组成，如图 9-1 所示，具体包括以下内容。

显示设备：投影仪、幕布、交互式白板、电视机、显示器等。
播放设备：多媒体计算机、视频展示台、音响系统等。
控制设备：中控主机、手控面板等。

图 9-1　多媒体系统构成

2. 设备操作

现代多媒体讲台环境的操作方法因厂家不同或型号不同而有所区别，但基本的操作是相同的，下面以常用设备为例进行介绍。

（1）控制系统的开关。多媒体系统通电后，所有的设备通常是由操作中央控制系统中的桌面控制面板来操控的，桌面控制面板如图 9-2 所示。

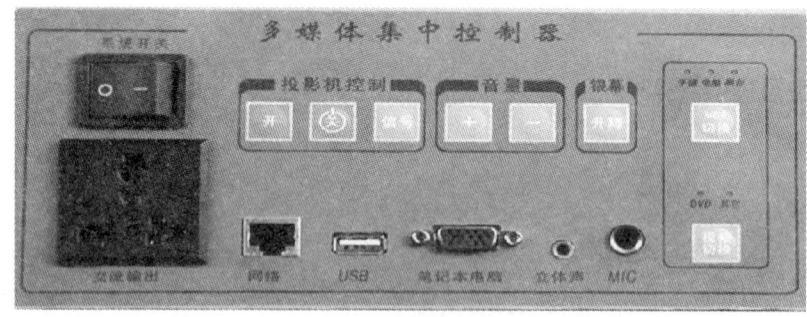

图 9-2　常见桌面控制面板

桌面控制面板的功能说明如下。

打开系统开关，让所有设备通过并自检，等面板的指示灯正常亮起即表示通电结束。

开、关投影仪：点击"投影机控制"区的"开"按键，即可打开投影仪，投影仪将慢慢亮起；相反，开启后的投影仪在按"关"按键后，屏幕会提示"是否关闭投影设备"，确认关闭再按一次"关"即可。"信号"按键则是选择信号源，每按一次切换一个信息源。

音量控制：通过面板的"音量"区来控制，"+"表示提升音量，"-"表示降低音量。

幕布控制：通过面板的"银幕"区控制升降，该型号是"升降"按键为一体的，按一次为"升或降"，按第二次为"暂停"，再按一次则与第一次相反"降或升"，再按又是"暂停"。有些型号是将升降区分开的，通过采用"▲"表示升幕布，"▼"表示降幕布，两个按键均按第二次时为暂停。

当有多个信号源同时输入时，在演示过程中，可以根据需要通过"切换"按键快速切换所需的信号源。

为防止设备损坏，在使用后关闭多媒体系统时，请按照以下步骤操作：

①关闭电脑、屏台等设备；

②关闭投影设备，等待一两分钟至投影仪散热风扇停止；

③按下关机键，切断电源，关闭整个系统。

（2）实物投影仪操作。实物投影仪又称视频展示台，是一种新型的视觉媒体设备。视频展示台是由摄像头、照明系统、载物台、控制系统组成，如图9-3所示。

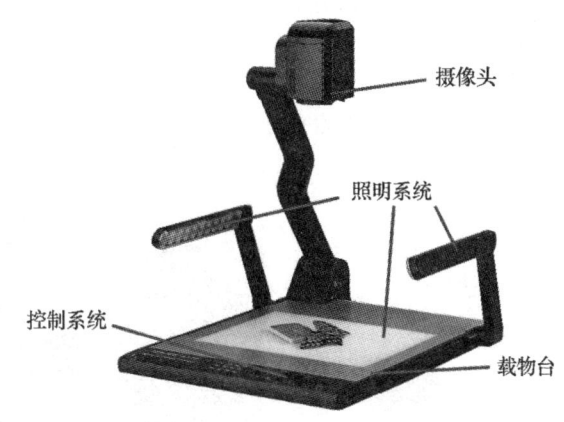

图9-3 视频展示台示意图

视频展示台。

展开视频展示台后打开电源。如果要投影视频显示信号，则应相应地将投影信号切换到控制面板中的视频显示平台。

视频显示台在打开前应完全打开。首先按下视频显示台上的机械按钮，抬起手臂，然后按手臂上的机械按钮将手臂拉到适当的长度，接着将手臂灯转向水平位置，取下镜头盖。打开视频显示器背后的电源开关，若视频显示面板上的电源指示按钮为红色，说明指示电源已接通，如果不亮，则按下视频显示面板上的电源按钮。此时输入状态应选择"这台机器"。

在平台上投影胶片、幻灯片底片和正片、印刷原稿和彩色图片等，可通过调整拍摄角度并在平台上移动物体，使物体恰好位于平台的中心。若要调整投影屏幕中物体的大小，可以使用面板上的"放大"和"收缩"按钮调整到适当的范围。

在使用LCD投影仪时，如果视频显示的投影模糊，则视频显示表上的"自动对焦"按钮可以被清晰地聚焦，而"关闭""拉远"按钮可以用来手动对焦。

当投射不透明物体时，选择臂灯来照明，而投射透明物体时，应该选择底部灯来照明。当投影为负时，会出现异常图像。此时，应按下负压按钮使图像正常。"亮度+"或"亮度"可以单独切换，使物体变暗，而"红色+""红色""蓝色+""蓝色"可以调节投影屏幕的颜色。

## 9.1.2 计算机网络教室

计算机网络教室主要是为学生提供上机操作的教室。充分运用计算机网络技术和多媒体技术，配备多媒体讲台、多媒体控制系统、相关学科教学辅助软件和电子教室软件，使得传统的计算机网络教室具有更强大的教学能力和便捷的操作能力。计算机网络教室的拓扑图和实景图如图 9-4 所示。

计算机网络教室

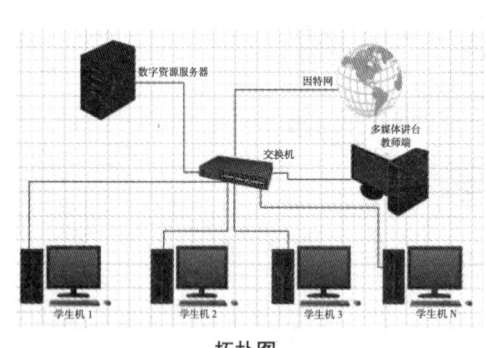

拓扑图

实景图

图 9-4 计算机网络教室的拓扑图和实景图

电子教室作为新型的辅助教学的工具软件，被越来越多的信息技术教师所采用，对信息技术教学模式的转变起到了推动作用。很多学校的计算机网络教室里已经安装了多媒体电子教室软件，此类软件多为 C/S 架构，即在学生机上安装软件的客户端，在教师机安装控制端，利用教室内的局域网将所有客户端与控制端连接在一起，组成一个虚拟的网络教室。教师通过电子教室可以调动学生学习的积极性和提高教师授课效率。目前市面上的电子教室软件很多，但功能大同小异，基本具有屏幕广播、语音教学、遥控转播、学生演示、监看、遥控、远程关机/重启、电子举手、系统设置等。

下面以某款电子教室为例，介绍教师在课堂上主要使用的一些功能。当所有的计算机启动完成后，电子教室端会自动连到教师的控制端，如图 9-5 所示，该图是某款电子教室的主界面截图，黑屏的表示断开，已连接上的显示当前学生端桌面。

第 9 章 信息化环境操作

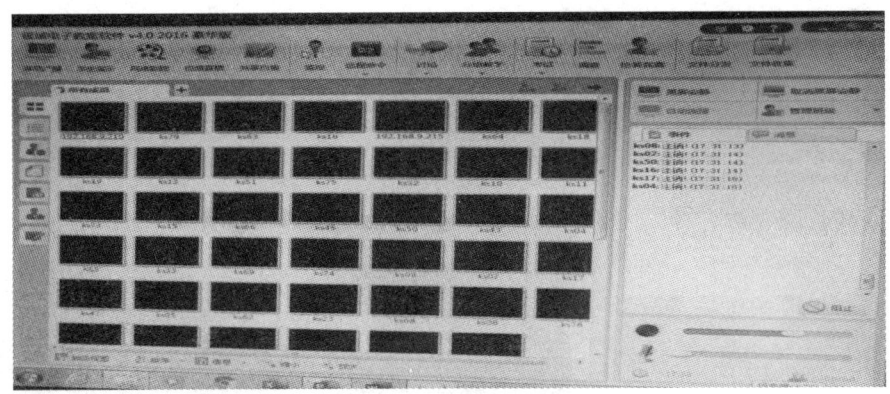

图 9-5 某款电子教室的主界面截图

（1）屏幕广播功能。屏幕广播是教师使用最多的功能，该功能可将教师端的桌面实时广播到各客户端的桌面上，让学生在自己的计算机上观看教师的操作；教师也可以将某位学生的桌面实时广播到其他客户端，让其他学生观看该学生的操作演示。具体操作如图 9-6 所示。

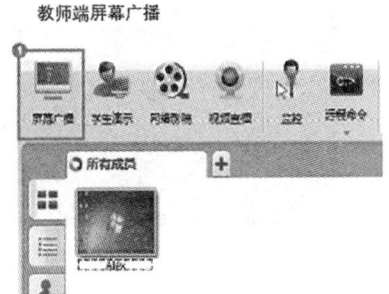
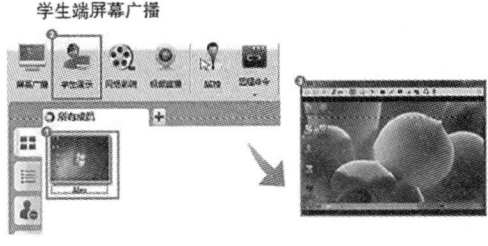

- 点击教师控制端的"屏幕广播"按钮，即将教师端的桌面广播到各客户端；
- 再次点击"屏幕广播"按钮，关闭同步广播。

- 选择一位要演示同学所在客户端图标；
- 点击教师控制端的"学生演示"按钮，即将该同学的桌面广播到其他客户端；
- 再次点击"学生演示"按钮，关闭同步广播。

图 9-6 屏幕广播功能操作步骤

（2）学生管理功能。在教学过程中，使用电子教室的实时监控功能可以观看一个或多个学生的实时桌面。在控制端双击对应学生客户端图标，将弹出该学生客户端桌面的实时画面，如图 9-7 所示。

使用电子教室的"黑屏安静"功能。如图 9-8 所示，单击"黑屏安静"后，对应的客户端将出现"保持安静"并黑屏，并锁定该计算机的桌面，无法继续操作，单击"取消黑屏安静"解除锁定。

145

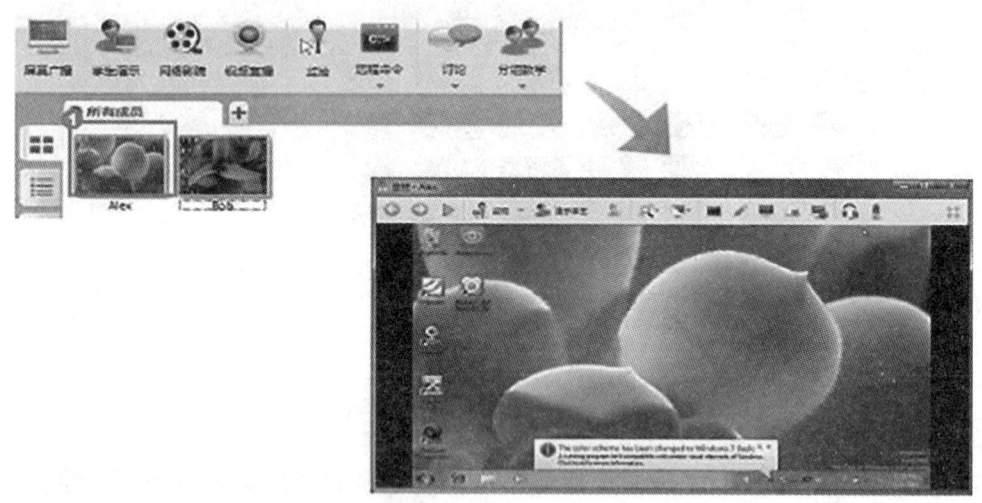

图 9-7 监控功能

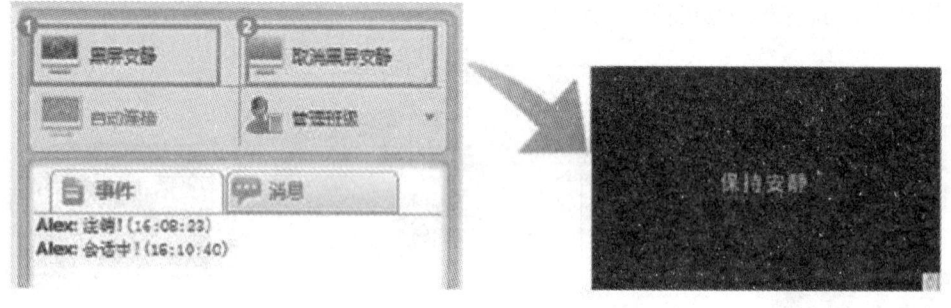

图 9-8 "黑屏安静"功能

（3）远程管理功能。如图 9-9 所示，控制端中"远程命令"可以对所有的客户端进行统一操作。

启动应用程序：远程启动所有客户端已安装的同一个程序，如记事本、画图等软件或某教学软件。

远程打开网页：远程启动浏览器并打开在控制端输入的网址。

远程设置：远程统一设置各客户端的系统参数，如分辨率、桌面背景等。

远程开、关机：在控制端强制开启或关闭客户端的计算机。

关闭应用程序：远程关闭客户端已打开的应用程序。

第 9 章　信息化环境操作

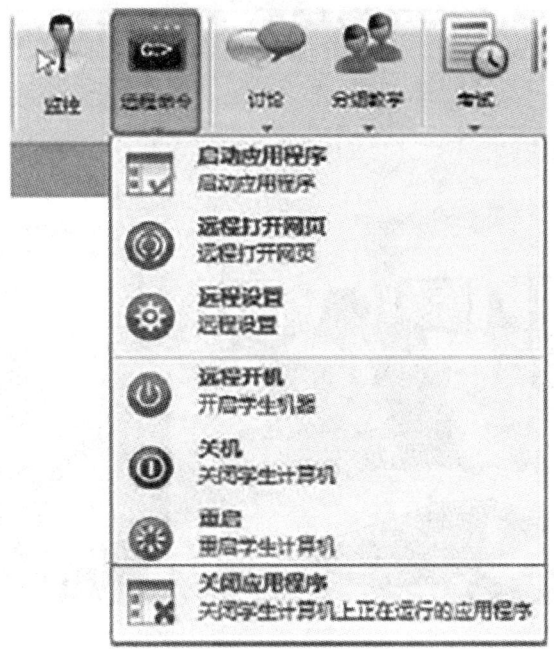

图 9-9　"远程管理"功能

### 9.1.3　智慧教室

智慧教室是数字教室和未来教室的一种形式，是一种新型的教育形式和现代化教学手段。智慧教室是运用物联网技术集智慧教学、门禁考勤、空气检测、多元互动、录播直播、资源管理、环境调节、视频监控、信息发布、广播会议及远程控制于一体的新型教室，实景如图 9-10 所示。智慧教室中的现代化手段切入整个教学过程，让课堂变得简单、高效、智能、有助于开发学生自主思考与自主学习的能力。

根据教育部门印发的《教育信息化 2.0 行动计划》，要将信息技术作为提高教学质量的重要手段，提倡在教学活动中广泛采用信息技术，逐步实现教学及管理的网络化和数字化的要求。智慧教室建设是大势所趋，也是各类学校全面贯彻落实全国教育大会精神，充分重视教学工作的体现。

# 现代教育技术

图9-10 智慧教室实景图

下面,以福建技术师范学院建设的智慧教室为例,介绍课堂常用功能。

1. 课程创建

打开电脑客户端程序,输入账号和密码登录平台,资源管理平台已创建的课程会显示在此页面,可直接选择进行上课,也可选择创建其他课程。

新创建课程单击"创建"按钮,输入课程名称单击"保存"按钮,创建成功后展示在此页面,点击可进入课程。

2. 班级创建

进入课程后单击"创建班级"按钮,输入班级名称后单击"保存"按钮,创建成功的班级会展示在页面左方,可对班级名称进行删改、对班级的成员进行查看。

3. 课时创建

单击"新增课时"按钮,输入课时名称,单击"保存"按钮。课时名称默认为当前日期,创建成功的课时会展示在页面右方,选择班级后单击"授课"按钮即可开始上课。单击"课堂记录"按钮,可查看该课时详细的授课记录,选择好班级后就可以单击"授课"按钮进行上课。

4. 扫码进班

在开始授课后所展示的页面中,单击"二维码"按钮,学生可以扫描二维码或输入邀请码进入班级,进入班级后会实时更改为在线状态,颜色变为彩色。

## 第9章　信息化环境操作

**5. 学生签到**

进入点名签到页面，设置自动签到时，学生单击"签到"按钮即可签到，也可以扫描二维码进行签到，还可输入签到码进行签到。学生签到时，考勤数据会实时更新，显示每个状态的人员比例；点击图上的状态时，右边学生列表会显示对应状态的学生，学生完成签到后会实时改变为已签状态，且颜色变为彩色。

**6. 录制课程实况**

任意画面下，单击右侧工具栏"录制"按钮，然后进行屏幕的任意操作都会被录制下来形成课堂实况的内容。在录课状态下，单击右侧工具栏"停止录制"，在"课堂记录—课堂实况"中查看录制的视频，点击后弹窗播放。

**7. 下发、查看小组讨论**

未发题时，小组讨论页面没有任何内容，单击"备课题目"，弹出之前备课添加的题目，勾选要下发的小组，单击"下发"按钮，下发小组题目后，老师可以实时查看成员讨论详情，如图9-11所示。

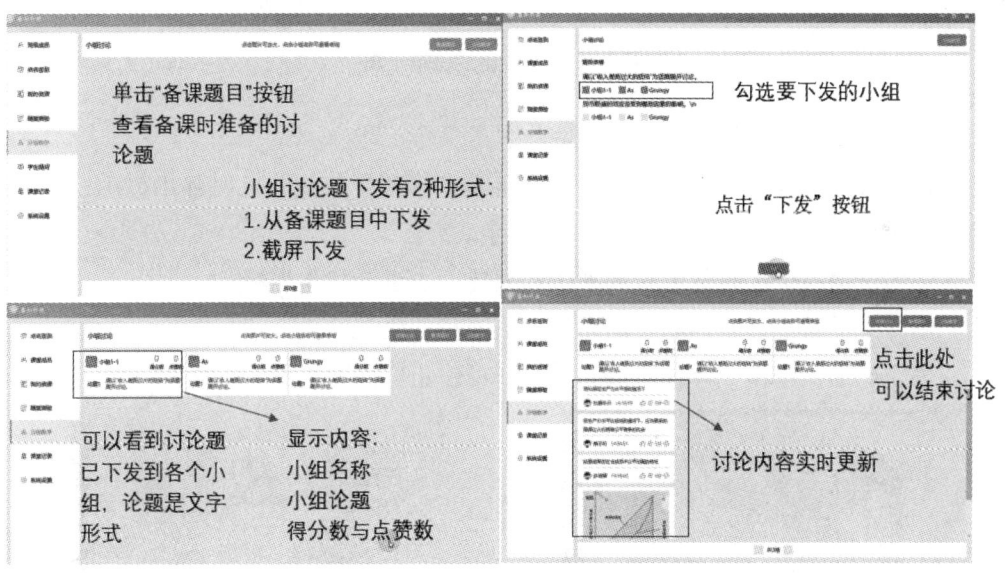

图9-11　下发、查看小组讨论

**8. 教师电脑上的画笔工具**

在任意界面，单击右侧操作栏"画笔"按钮，下方弹出画笔功能，具体功能使用如图9-12所示。

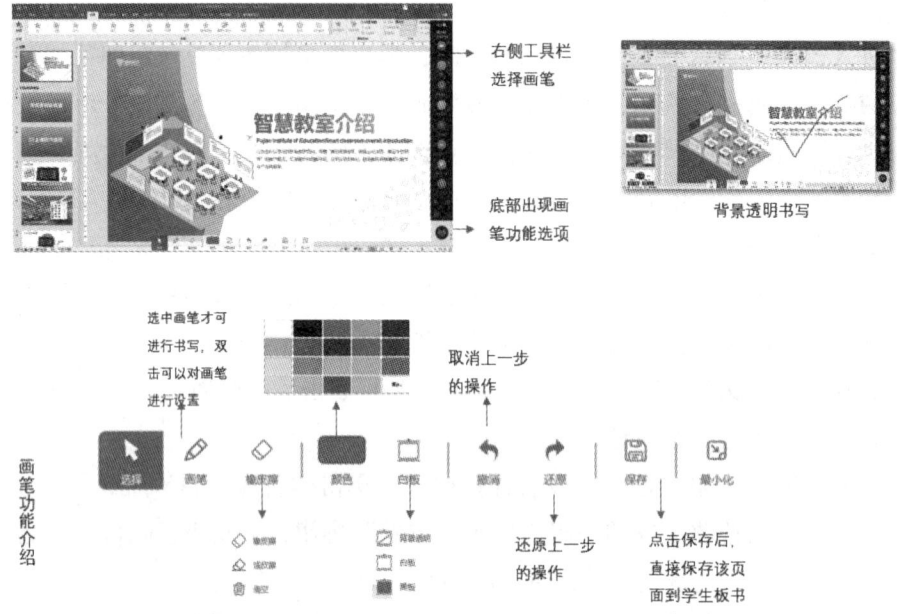

图 9-12　PC 上的画笔工具

9. 教师电脑上进行主/副屏广播

在教师电脑任意画面下，单击右侧屏幕"广播"按钮，此时弹出提示：主屏广播和副屏广播，并选择，如图 9-13 所示。

主屏广播：广播教师电脑端画面到副屏、小组屏和学生端。

副屏广播：广播教师副屏画面到小组屏和学生端。

停止广播：单击"停止广播"按钮即可停止广播。

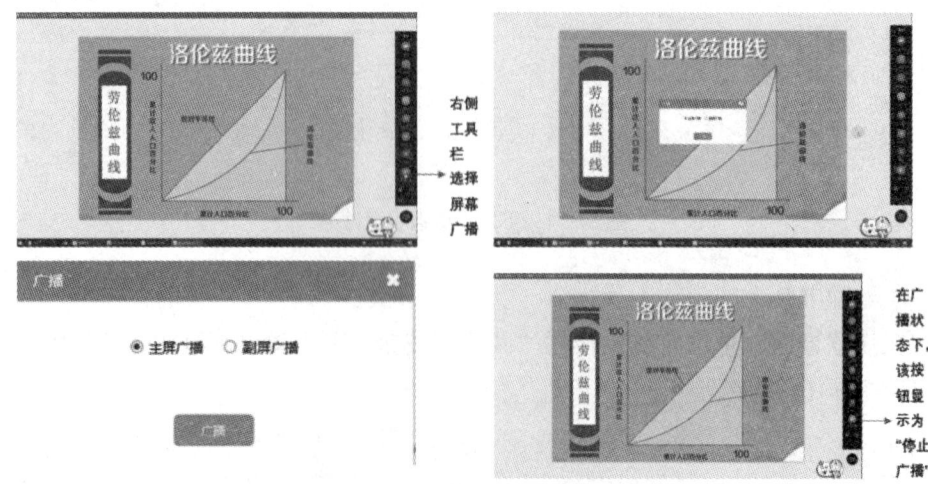

图 9-13　教师电脑进行主/副屏广播

## 9.2 线上教学工具操作

### 9.2.1 网络教学平台介绍

新冠肺炎疫情防控期间，教育部和各省市教育部门号召"停课不停教、停课不停学"，因此，各级学校都使用了不同的云端教学。在网络教学模式下，可避免聚集，也可以随时随地、灵活有效地学习，学习主动权掌握在个人手中，大部分的学校仍采用线上线下相结合的模式进行教学。

我国通用型网络教学平台，多数是商业化软件，如腾讯课堂、超星学习通、智慧树知到、雨课堂等，接下来以较为常用的腾讯课堂、超星学习通、雨课堂为例进行介绍，具体功能操作说明以其官方发布的操作说明书为依据。

### 9.2.2 腾讯课堂介绍

第一步，下载并安装客户端。打开浏览器，输入网址 www.qq.com，在网页中的软件下载专区查找腾讯课堂，选择与电脑系统版本相匹配的客户端，下载并安装客户端，如图 9-14。在腾讯课堂官网也可以找到相应入口。

图 9-14　下载界面

第二步，登录和进入直播间，并认识直播间界面。安装完成后打开软件，输入手机号登录并填写认证信息，即进入开课页面，如图 9-15 所示。

图 9-15　登录、直播界面

第三步，课前测试。课前要测试摄像头、麦克风是否正常，进入直播间后可以点击"系统设置"设置和调试设备。"打开预览"即可看到选中的摄像头画面；点击"打开侦听"即可听到选中的麦克风声音（建议佩戴耳机）。

第四步，资料准备。教师需要提前准备充足完整的课件、存储音频和视频，并将上课需要用到的教学素材，从文件夹到文件名，做好归类和整理，以便课上快速提取。

课中，正式开始教学。单击"上课"按钮进入上课状态，老师可以选择"分享屏幕""PPT""视频播放"以及"摄像头"四种模式进行上课。

屏幕分享授课模式：单击"分享区域"按钮，用鼠标选择区域后即可分享区域内的屏幕画面内容。授课工具栏会自动跟随分享区域底部。工具栏提供了画板、签到、答题卡、画中画模式、举手、预览等各类教学工具供老师选择使用。如画中画模式，屏幕分享的同时开启摄像头，摄像头画面将出现在学员画面的右下角。又如，举手模式，学员可在客户端申请连麦，老师同意后，学员即可语音连线。

PPT 授课模式：单击"打开 PPT"按钮，选择 PPT 文件，即可使用 PPT 授课。推荐使用播放模式打开 PPT。

视频播放模式：单击"播放视频"按钮，选择视频文件，即可使用视频文件授课。

摄像头模式：单击"打开摄像头"按钮，即可使用摄像头直播授课。

课程结束后，老师只需单击"下课"按钮，学生将无法再收到音频、视频。下课后麦克风自动关闭。

### 9.2.3　超星学习通介绍

1. 手机学习端学习通操作

第一步，下载并安装客户端。可以通过以下两种途径下载安装学习通 App。

一是在应用市场搜索"学习通",查找到图标为的 App,下载并安装。

二是扫描右边的二维码,转到对应链接下载 App 并安装(如用微信扫描二维码请选择在浏览器打开)。

第二步,登录学习。安装成功后进入登录页面。第一次登录需要在登录页面中点击下方的"其他登录方式"。已登录过的直接输入账号和密码登录。

第三步,登录完成。在首页点击"我的课程",在"全部课程"中选择所要学习的课程,进入相应的课程后点"章节"进行学习。

第四步,考试。完成所有课程任务后,从"作业/考试"中进行课程考核。

2. 教师课程建设

超星学习通平台是商业化产品,需要学校或教学机构购买后获得管理员账号和密码,由单位管理员为教师开设账号后,教师才可以登录进行课程建设。

(1)用户登录建课。在教学平台首页的登录框中输入账号和密码,点击"登录"进入教师首页界面。进入后在"我教的课"中显示所有已建的课程,未建课为空白,可点击右上角的"创建课程"进行建课,如图 9-16 所示。

图 9-16　教师首页

(2)课程建设。进入课程建设后,填写课程名称、选择模板、上传封面图片并填写与课程相关的信息。

填写完成后进入课程空间,单击"编辑"按钮,进入编辑课程内容页面。编辑页面的左边是课程章节内容,可根据需要增减或修改章节名称。上面是工具栏,可以在课程内容窗口输入文字、图片、视频、链接、文档、音频、测验等内容。右边是章节内容编辑区,模板提供了图文编辑模式,可以根据自己的需要来使用。

在内容编辑区插入的文档、视频、作业、测验等内容可以设置任务点,要求学生必须完成,对视频还能控制播放要求,通过防拖拽、防窗口切换等设置防止作弊手段,如图 9-17 所示。

现代教育技术

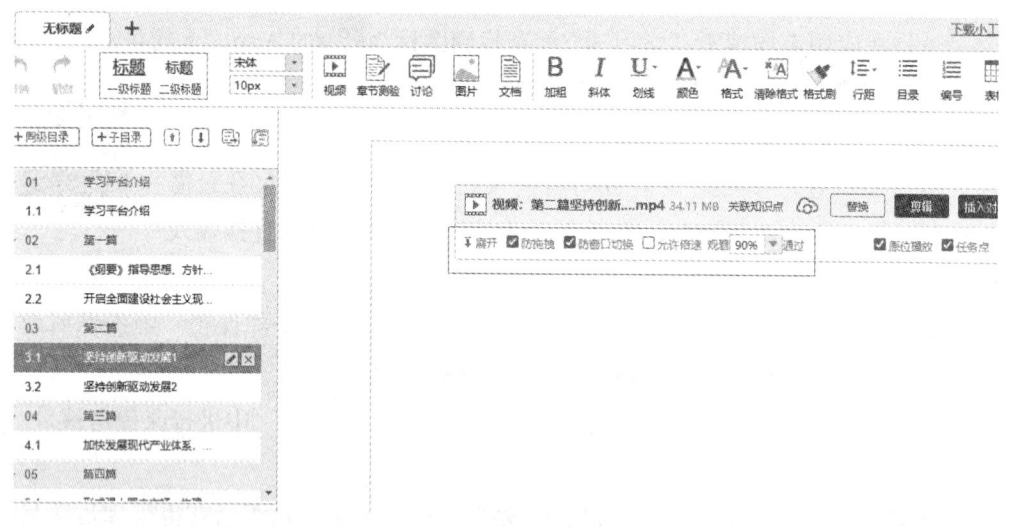

图 9-17　视频播放设置

（3）资料库建设。在菜单"资料"栏目中，可以进行课程资料、题库、作业库、试卷库的建设。资料库可以上传上课课件、学习工具、课外资料等供学生下载学习。题库可以添加单选、多选、填空、判断、简答等题型的建设。作业库和试卷库的本质是相同的，都是从题库中按设置进行抽题并组合，可直接调取使用。如图 9-18 所示。

图 9-18　资料界面

（4）考试设置。在考试页面，教师可以建设这门课的考试。教师可以事先在"资料"中的"试卷库"建设好试卷，直接调用，也可以单击"新建"按钮新建一套或多套试卷。试题可以按章节内容指定，也可以采用随机抽取的方式。试卷的客观题由系统自动批阅，主观题需人工批阅。主观题可以由老师亲自批阅，也可以设置为学生互评。

试卷生成后，通过"考试设置"设定考试时间、试题发布时间、重考、查分等，如图 9-19 所示。

第 9 章　信息化环境操作

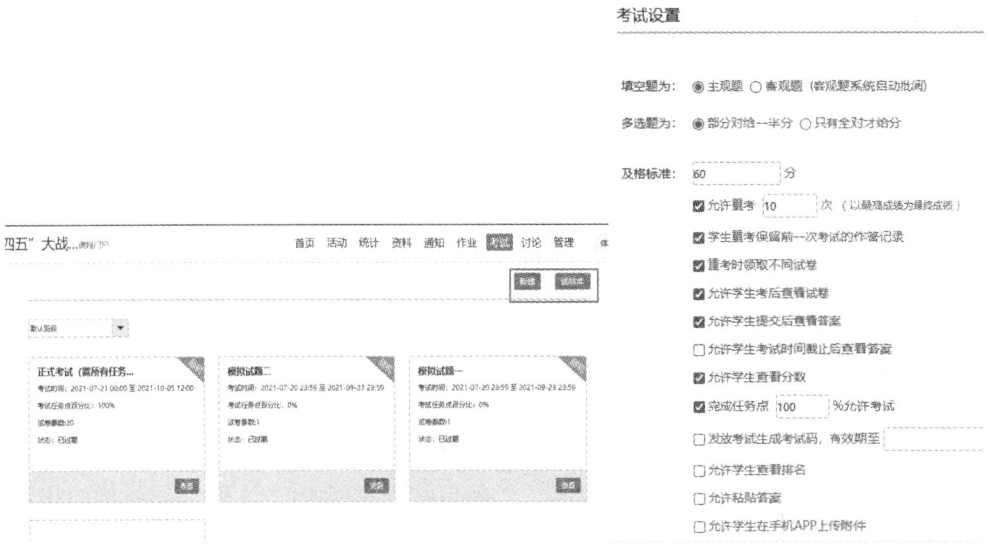

图 9-19　考试设置界面

（5）课程设置。课程建设完成后，点击"管理"栏目的"课程管理"，可以根据教学需要选择发放课程的时间和模式；设置学生可见栏目；设置课程克隆或映射给其他老师使用，克隆可以再编辑，映射无法编辑，如图 9-20 所示。

图 9-20　课程设置界面

### 9.2.4 雨课堂介绍

"雨课堂"是由学堂在线和清华大学在线教育部共同研发推出的一款智慧型教学工具,它为师生搭建了线上线下课堂教学互动沟通的平台。

"雨课堂"教学模式覆盖了课前、课中、课后的每一个教学环节,基本实现了教师对教学全周期的数据采集工作。从课前预习、课中互动和课后总结进行全方位教学跟踪,使得教师可以实时了解学生的学习情况,并可依据学生对知识点的掌握情况灵活调整教学进度,实现精准教学。

根据雨课堂官网公布的操作说明,教师常用的功能如下。

第一步,下载并安装雨课堂插件。在雨课堂官网 http://www.yuketang.cn/,进行下载并按提示安装。安装完成后,教师可打开任意 PPT 文件,导航栏中出现"雨课堂"即为安装成功,如图 9-21 所示。

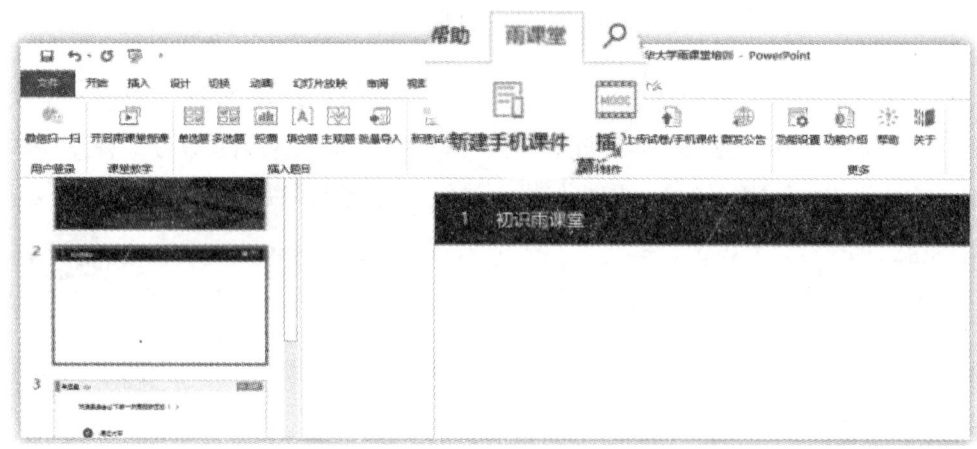

图 9-21　雨课堂安装成功界面

第二步,绑定账号进入雨课堂公众号。点击菜单栏里的"更多"→"身份绑定",进入页面后,搜索高校的全称,进入身份绑定页面,按页面提示进行身份绑定,如图 9-22 所示。学生亦是按此操作进行身份绑定。

第 9 章　信息化环境操作

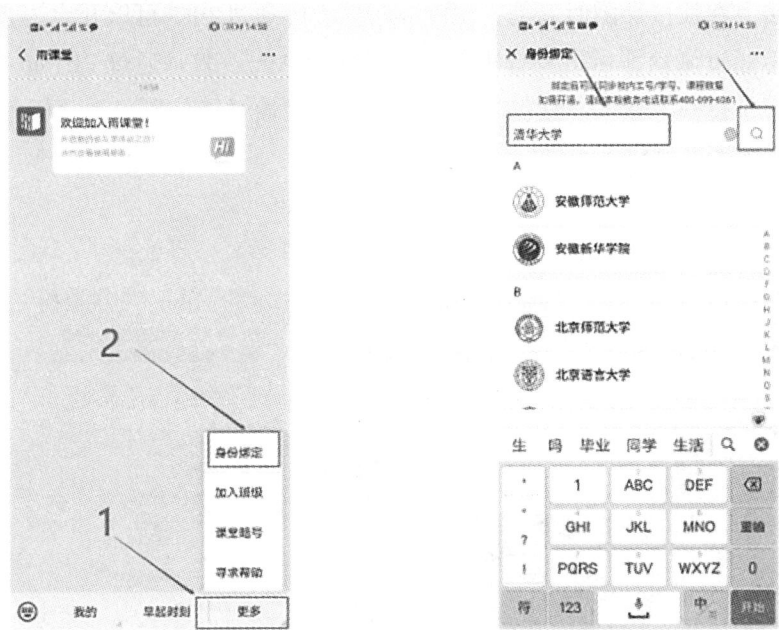

图 9-22　账号绑定界面

第三步，上课开启雨课堂授课。电脑端开启雨课堂授课，单击"开启雨课堂授课"按钮，弹出"选择课程和班级"页面。也可以通过电脑网页端使用课件库一键开课，单击"上课"按钮，选择上课课件即可直接上课，屏幕出现二维码供学生扫码登录，如图 9-23 所示。学生扫码结束后，在电脑端或手机上点击"开始上课"进入上课状态，授课过程中教师可通过电脑端或手机进行翻页，学生端收到的课件会同步翻页。

图 9-23　开课界面

157

第四步，在线授课随时互动，深度参与。教师通过 PPT 可以开启语音/视频直播，学生通过微信即可接收音视频，无须安装 App。教师通过 PPT 进行签到、推题、弹幕、投稿、选人、红包等教学互动，学生通过微信接收教学任务，消息即时提醒，如图 9-24 所示。

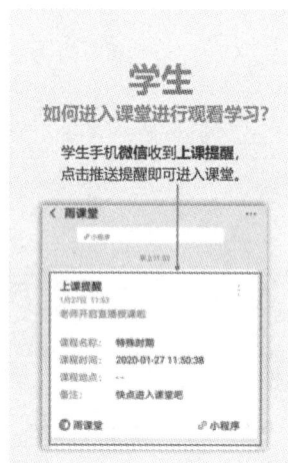

图 9-24　教学互动

第五步，直播授课。申请成为雨课堂会员后，就可以开启雨课堂"语音直播"或"视频直播"，实现直播教学。点击页面右侧悬浮图标选择"语音直播"或"视频直播"，调试音视频输入设备，如图 9-25 所示。

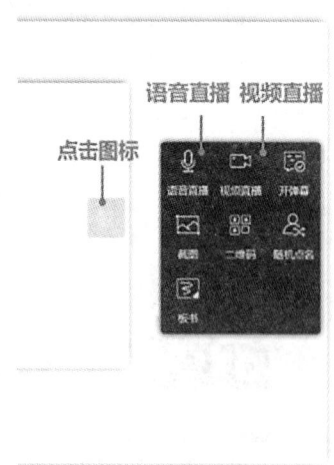
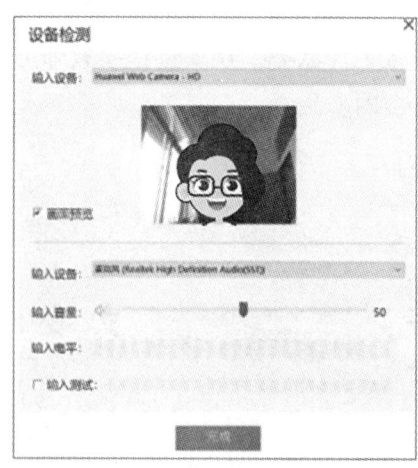

图 9-25　直播音视频调试

学生进入课堂后，可同步接收教师的授课课件。点击观看直播，即可同步观看教师的视频直播（图像和声音），如图 9-26 所示。如果教师开启的是语音直播，学生可在接收 PPT 的页面,点击右下角的小喇叭,即可听到教师讲解的声音。课后支持无限次回看。

图 9-26　学生观看直播界面

第六步,课上限时发题。教师在授课过程中讲到提前制作好的题目页时,可以在电脑或手机上,点击"发送此题",设置答题时间,发送当前习题。教师发送习题后,学生手机端出现蓝色的题目提醒,点击即可作答。

第七步,弹幕投稿互动和查看签到。开启/关闭弹幕和查看学生到课情况,如图 9-27 所示。

图 9-27　弹幕投稿互动和查看签到

第八步，课后作业。教师通过 PPT 发送线上课后习题，并通过电脑批改主观题。学生通过微信完成课后作业。

教师布置作业：单击"新建试卷"按钮，插入各类题目。编辑完试题后单击"上传试卷"按钮，将试卷同步到手机端预览，确认后可直接发送给学生，如图 9-28 所示。

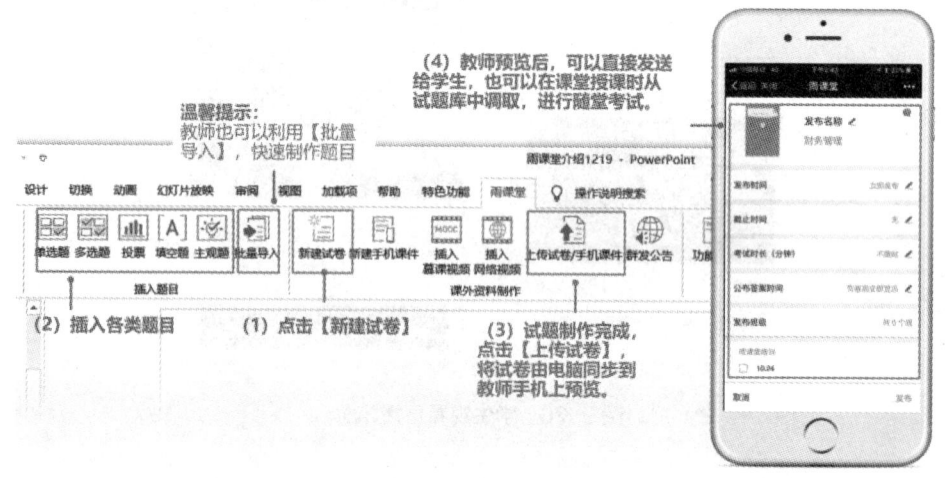

图 9-28　教师发布作业

教师批改作业：

老师可通过电脑端访问网页版雨课堂，在网页版中进行批改。也可以通过手机端在公众号首页，点击"我的"→"课程"，在"我教的课"中，选择需要批改的作业。

## 9.3　信息化教学资源检索

教师专业能力的发展基于对信息的充分掌握、开发，掌握和开发信息都需要以一定的信息知识作为基本前提。信息知识是信息时代教师获得专业能力发展的基础。一个具有信息知识的教师，能够在发现信息之后，迅速地对信息进行合理的整理和储存；对于不完整的信息，能运用自身的信息知识快速地制定检索方案和路径，对信息进行追本溯源，检索和补充相关的信息；对于已有的信息，能够通过网络及时地与同行共享并进行交流和讨论。所以，教师要掌握充分的信息知识。

### 9.3.1 浏览器资源检索

以百度高级搜索功能为例。打开浏览器输入地址 www.baidu.com，单击首页右上角的"设置"按钮，进入"高级搜索"，如图 9-29 所示。

图 9-29　百度高级搜索界面

如上图，我们看到百度高级搜索界面拥有诸多细节选项，包括针对某一网站、某一关键词、时间、文档格式的搜索等，功能非常全面。

如果我们想查询某个网站近一个时间段更新的文章，就可以采用百度高级搜索功能，因为网站每天会更新很多内容，我们通过网站首页无法查找到所有最近更新的文章。另外，在百度高级搜索界面通过查询某些关键词来搜索新闻，同时设置时间段，可以有效避免一些虚假新闻。例如，利用高级搜索功能检索"现代教育技术"和"师范类"两个关键词，时间为近一周的所有文章，检索结果更精准，避免花大量的时间去筛选。

### 9.3.2 网络平台检索

中国知网——知识发现网络平台，面向海内外读者提供中国学术文献、外文文献、学位论文、报纸、会议、年鉴、工具书等各类资源统一检索、统一导航、在线阅读和下载服务。该平台是基于海量资源的增值服务平台，任何人、任何机构都可以在中国知网建立自己的个人数字图书馆，定制自己需要的内容。越来越多的人将中国知网作为日常工作和学习的平台。

中国知网每个数据库都提供初级检索、高级检索和专业检索三种检索功能，其中高级检索功能最为常用，下面以高级检索功能为例进行介绍。

打开中国知网网页链接地址 www.cnki.net。单击右侧的"高级检索"按钮，进入高级检索界面，如图 9-30 所示，填写"现代教育技术"和"师范生"两个关键词，设定时间为 2020 年 1 月 1 日至 2022 年 1 月 1 日，其中关键词可以根据需要自定义。检索结果如图 9-31 所示，共检索到 33 个资源，按数据库分类，其中学术期刊数据库中有 18 个，学位论文有 10 个等，根据自身需要点击对应的库，下面即可展开相应检索到的文章资源，资源可在线查看或下载。

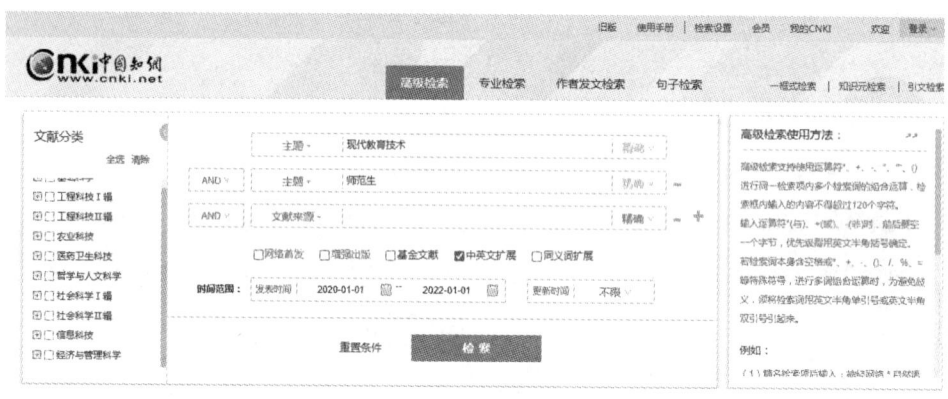

图 9-30 高级检索界面

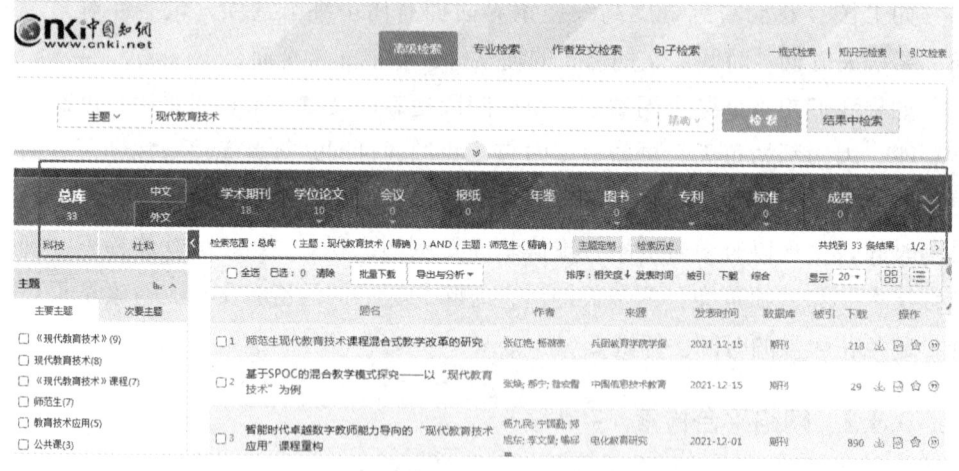

图 9-31 检索结果

在高级检索功能中进行个性化选择时要注意以下几点。

（1）为了更精准地查找到所需资源，一般在选择时，先选择自己要检索的文献的领域或学科分类。

（2）设置好检索参数。对关键词的填入没有严格要求，不一定是词语，但是需要考虑它应当与选中的检索项相一致。比如，检索项用了"关键词"，就不能用长句等作检索词了。关键词准确，既可以缩小检索范围，又可以节省时间。

（3）文献时间选择。根据文献可能出现的年代，点击对话框右边的小三角即可选择。需要说明的是，中国知网建立的时间是1994年，所以1994年及其以后的数据才是最齐全的。

（4）匹配。即要求系统按你的检索要求进行某种精确程度的检索。如果你确定文献的参数，就选择"精确"，如果不确定，就选择"模糊"。

# 第 10 章　上机实践操作

### 学习目标

★ 掌握多媒体课件制作素材处理。
★ 掌握多媒体课件优化。
★ 了解微课软件操作。

## 10.1　Photoshop 图片处理上机实践

### 10.1.1　PhotoshopCS5 软件安装及介绍

photoshop 是图像处理最常用的软件之一。初学者可能不太清楚该如何安装 Adobe photoshop CS5，接下来就为大家简单介绍一下 photoshopcs5 的安装教程，希望对大家有所帮助。

下载 Adobe photoshop cs5 软件后，将其解压到电脑硬盘中的任一目录下，会弹出一个警告，可直接忽略。单击"接受"按钮，输入 adobeID。选择你需要安装的组件，单击"安装"按钮开始进行安装。如图 10-1 所示。

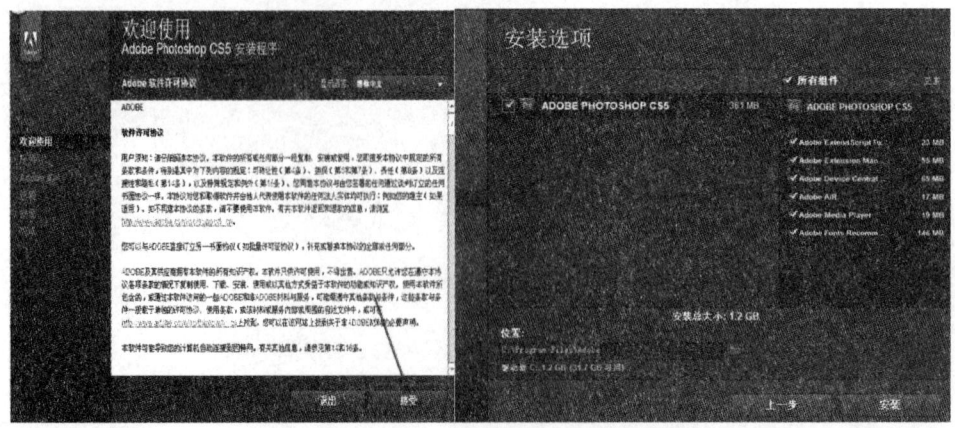

图 10-1　安装界面

单击"完成"按钮,打开软件,出现软件主界面,如图10-2所示。

图 10-2　安装完成及主界面

### 10.1.2　综合案例

"一图胜千言",因此,在制作课件过程中会经常用到图片,而收集到的图片素材并不都是直接可以用的,有些图片需要经过处理才可以使用。常见的图片处理有去除多余的信息、抠图、裁剪大小、调整颜色、图层操作等。使用photoshop软件实现某个效果的方法多种多样,操作较为复杂,接下来以综合案例介绍几个常见功能的使用。

综合案例主要介绍新建画布、复制图层、去背景、图层合并(创建剪贴蒙板)、自由变换、调整大小和调整图层顺序等操作,从而生成效果图如图10-3所示。

图 10-3　效果图

打开素材包 1，如图 10-4 所示。

图 10-4　素材包 1

打开 photoshop 软件，单击菜单的"文件"→"新建"按钮，新建一个 1000×600 像素的画布，分辨率为 72 像素/英寸，颜色模式为 RGB 颜色（8 位），如图 10-5 所示。

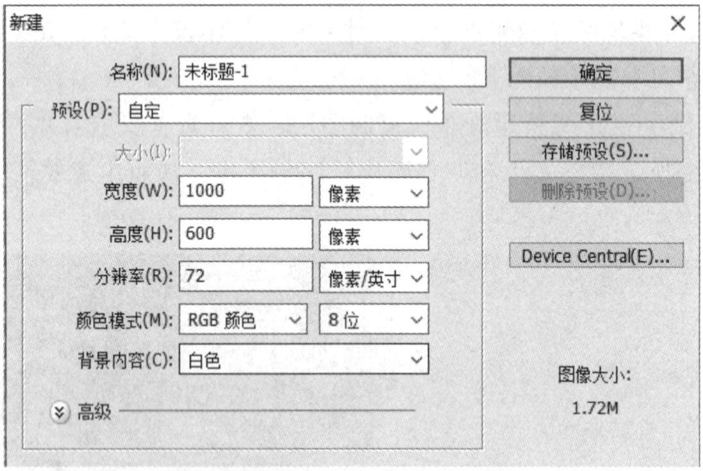

图 10-5　新建画布

单击菜单的"文件"→"打开"按钮，打开素材包 1 内的图片，单击右下角"图层"按钮，鼠标右击"复制图层"，在弹出的对话框"目标"下拉菜单，选择新建的图层"未标题 –1"，即将该图层复制到"未标题 –1"画布中。重复"复制图层"操作，将其他素材的图片都复制到"未标题 –1"画布中。如图 10-6 所示。

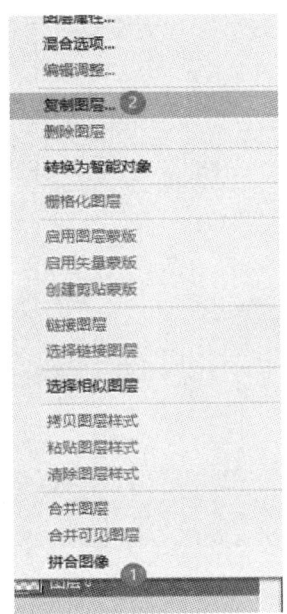
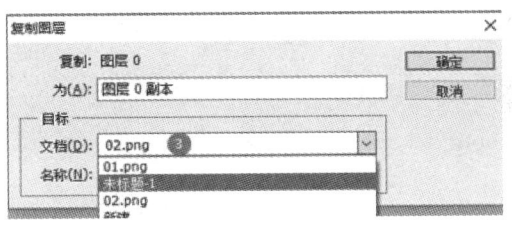

图 10-6　图层复制

选中"建党 100 周年"图片图层,单击菜单"编辑"→"自由变化"按钮,图片边框有虚框,按住虚框上的点,拖动虚框,调整图片大小(注意图片长宽的比例,以免变形;也可以通过按住 Shift 键同时拖动虚框,图片将等比缩放),图片调整至右上角,占整个画布的 1/4 大小,按"回车"键确认,如图 10-7 所示。

图 10-7　调整图层大小和位置

选中图层2（灰色图片），重复上一步操作，调整该图片大小至被"建党100周年"图层盖住，图层并在其后面，如图10-8所示。

图10-8 调整新图层

选中"建党100周年"图层，右击"创建剪贴蒙板"，两个图层通过蒙板样式嵌套在一起，如图10-9所示。

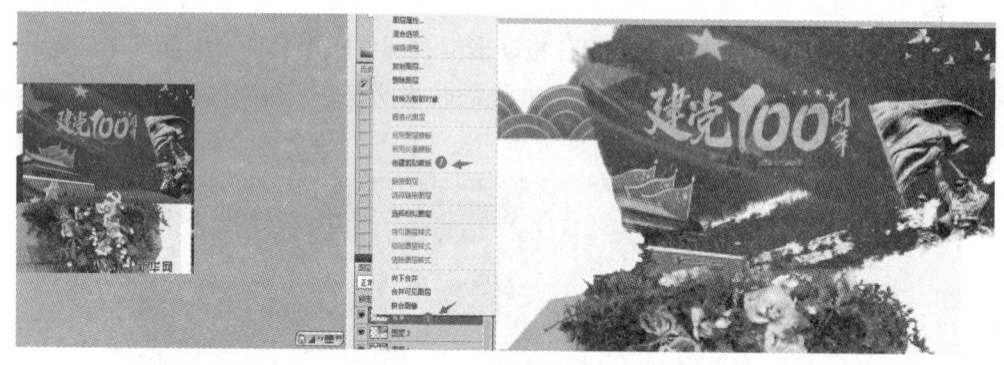

图10-9 创建剪贴蒙板效果

选择图层3（花朵图片），移到图片位置至左下角，单击左侧工具栏的"魔术工具"图标，在图片空白区点击一次，图片的背景区会自动被选中。敲击键盘"Delete"键，删除多余的背景。

第 10 章 上机实践操作

图 10-10 调整大小和删除背景

选择图层 4（海浪图片），将该图层移到图层 3 的前面挡住其他图层。调整背景图层至最后一层，如图 10-11 所示，完成图片操作。

图 10-11 调整图层顺序

案例二在巩固案例一的新建画布、图层的复制和调整外，将介绍通过图层操作去除较为复杂的背景、填充图片等操作，实现复杂图片的合成。

打开素材包 2 的 4 张图片，如图 10-12 所示，并用 photoshop 软件打开所有图片，操作方法和案例一相同。

图 10-12 素材包 2

169

新建一个1000×600像素的画布,将打开的4张图片复制到新建的画布"未标题-1"中,4张图片的图层顺序如图10-13所示。为了方便各图层操作,可单击图层前面的 图标关闭图层显示。

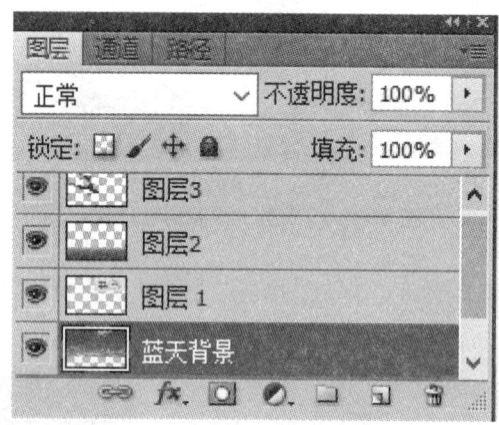

图10-13 调整图层顺序

选择图层3,单击菜单"编辑"→"自由变换"调整图片大小,位置和大小如图10-14所示。

图10-14 图层3位置大小

单击左侧工具栏的"魔术工具"图标,在图片空白区单击一次,图片的背景区会自动被选中。单击键盘"Delete"键,删除背景,如图10-15所示。

图 10-15　删除背景

选择图层 2（草地），移至左下角，单击菜单"编辑"→"定义图案"，在弹出的对话框中，将图片命名为"草地"（名称可以自由命名），单击"确定"按钮，将图片添加到自定义图案中，如图 10-16 所示。

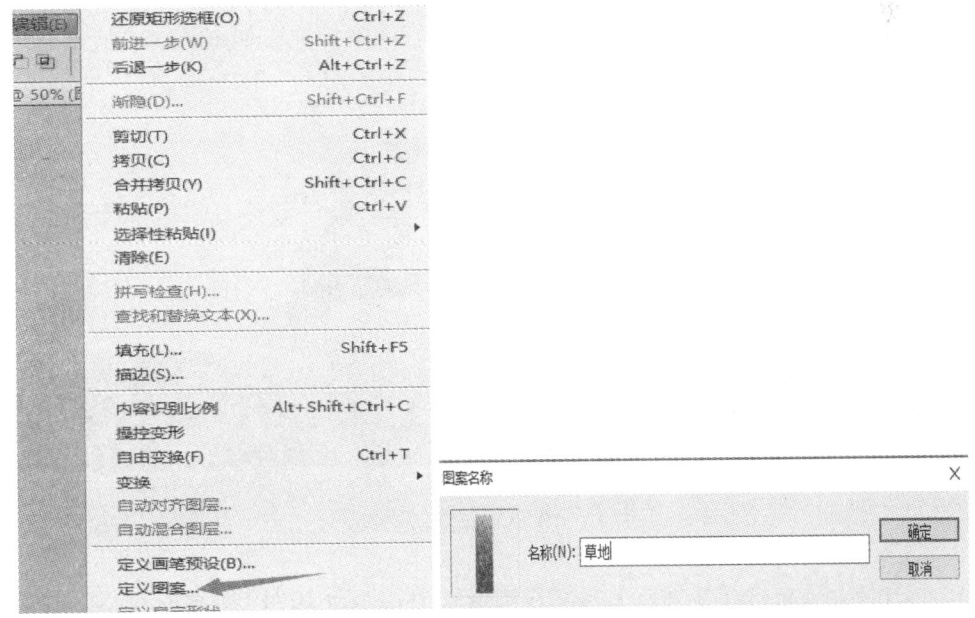

图 10-16　定义图案

单击左侧工具栏的"选择工具"图标,在画布下方选择一个与草地的高度相同的区域,如图10-17所示。

图 10-17　选择区域

单击左侧工具栏的"填充工具"图标,在上方选择填充"图案",下拉图案选择自定义的草地图片,在画布选择的区域进行图案填充,如图10-18所示。

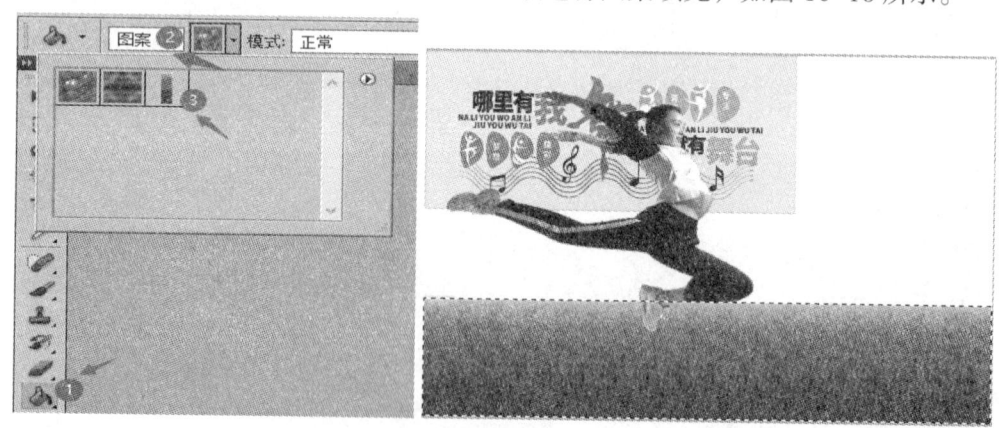

图 10-18　填充图案及效果

选择图层1,将其移到右上角,并调整大小,如图10-19所示。

第 10 章 上机实践操作

图 10-19　调整图层 1

显示背景图层（蓝天），效果如图 10-20 所示。

图 10-20　效果图

从效果图看，图层 1 的图案比较复杂，仅仅使用"魔棒工具"去除背景，很多文字的背景将无法删除。我们可以通过调整图层的效果实现去除背景，单击

"图层1",选择"变暗",如图10-21所示,但图层1的一些元素发生了变化。接着可以通过"图像"→"调整"→"色彩平衡"和"色相/饱和度"等调整相应的参数,如图层1的红色变淡,可以将红色调至最高,恢复红色,如图10-22所示。实现相同的效果也可以通过色阶、曲线等工具来调整。调整后的效果如图10-23所示。

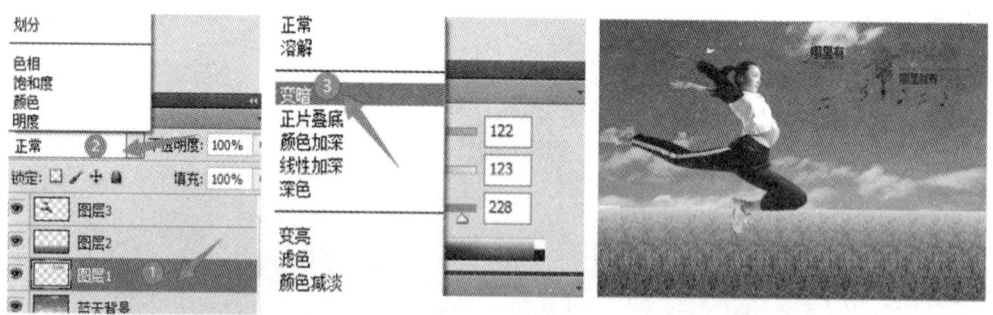

图10-21 图层变暗

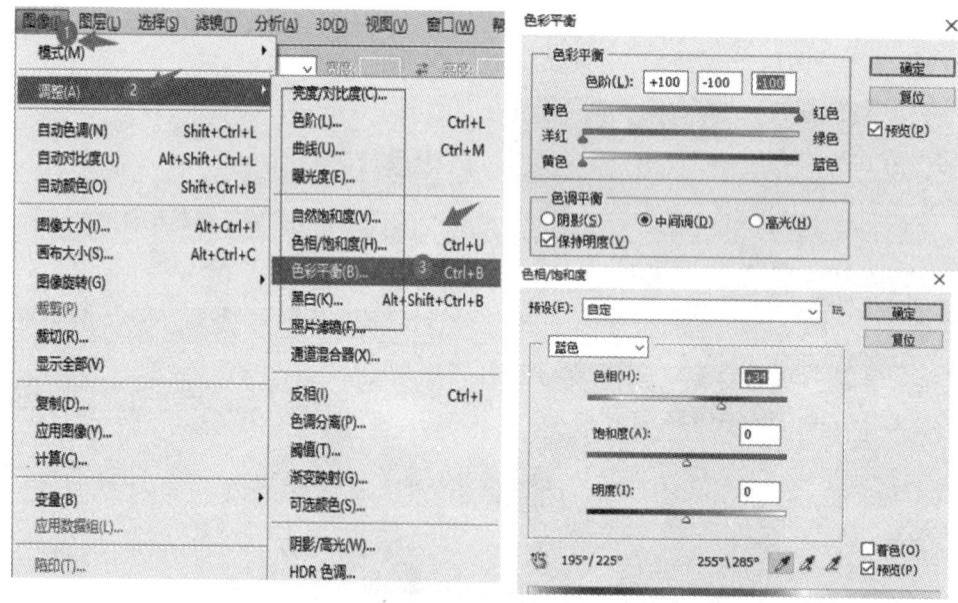

图10-22 图层色彩调整

图 10-23 最终效果图

## 10.2 微课视频制作（Camtasia）上机实践

随着现代教育技术的普及，传统课程已经不再适应当今教育的发展，微课的推出，让教育手段变得更加丰富，很多地方的教育主管部门把微课制作作为当今教师的基本技能，要求每位教师必须掌握。微课的推出，给教师带来了很大的挑战。

本节将介绍 Camtasia 软件的安装与常见功能使用。Camtasia 是微课制作的常用软件之一，它的操作相对简单，功能比较强大，集录屏、视频后期编辑于一体，掌握该软件的使用方法，就可以解决微课录制的大部分需求。

### 10.2.1 Camtasia 软件安装及介绍

打开浏览器，下载 CamtasiaStudio 软件并安装。选择"U.S.English"选项，单击"OK"按钮；单击"Next"按钮进入下一步；选择"I accept the license agreement"选项后再次单击"Next"按钮，如图 10-24 所示。

现代教育技术

图 10-24　安装过程

输入用户名和注册码，如果没有注册码，则选择第一项（有使用时间的限制），然后单击"Next"按钮；单击"Browse"按钮，修改软件存储的路径，如果是默认状态，直接单击"Next"按钮。默认状态下，加载项是打钩的，不要把钩去掉；单击"Next"按钮，等待一段时间后会出现完成提示，单击"Finish"按钮后在桌面上出现相应的图标，安装结束。

打开软件，主界面是英文版，如果不适应，可以从网上下载"汉化补丁"，安装后打开便是中文版的界面，中英文版界面对比如图 10-25 所示。

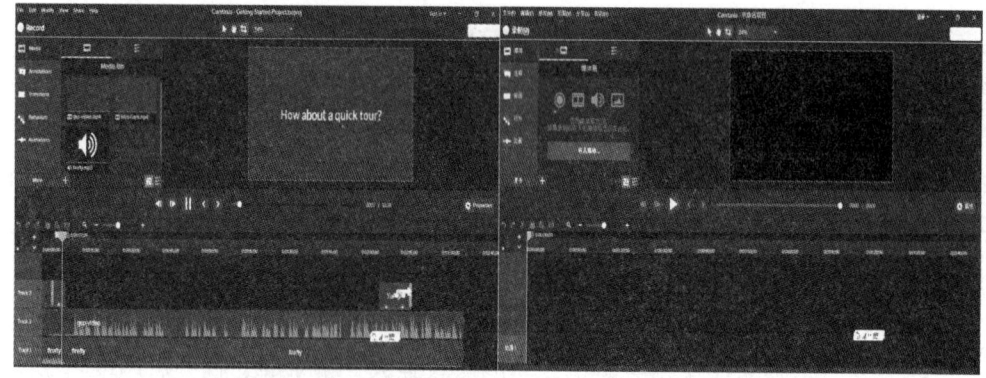

图 10-25　软件中英文版界面对比

### 10.2.2　Camtasia 软件屏幕录制

打开软件，单击左上角的"录制"按钮，弹出一个黑色设置界面，最左端选择区域是"全屏"录制和"自定义"窗口录制，旁边可以自行调节屏幕大小。设置框中间，可以设置摄像头处于打开或关闭状态，旁边可以调节话筒音量。如果拖动屏幕区域的十字图标，可以移动录制区域，如图 10-26 所示。

第 10 章 上机实践操作

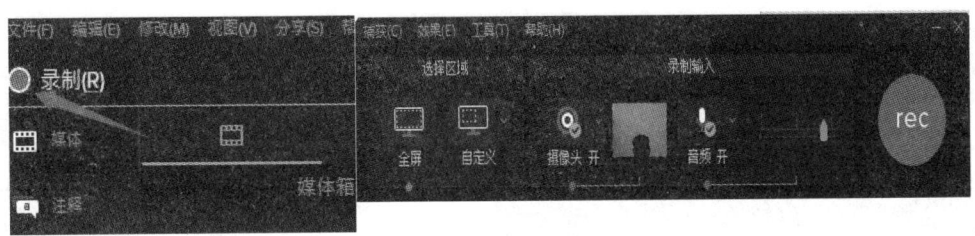

图 10-26 录制设置

以上步骤设置好后，单击右边的"rec"按钮，便可以进行录制。开始录制之前有 3 秒钟倒计时准备。录制过程中，若需要暂停，可单击"暂停"按钮，如图 10-27 所示。录制结束后会出现一个对话框，刚刚录制的视频可以进行再次播放，根据播放效果，可以选择保存或删除，如图 10-28 所示。

图 10-27 录制开始

保存的文件只有 Camtasia 软件才能打开，所以保存的时候需将文件转换成 MP4 或 FLV 格式。单击菜单"文件"→"批量生成"，进入批量生成对话框，单击"添加文件/项目"按钮，添加刚才录制的文件，然后单击"下一步"按钮，如图 10-29 所示。

选择保存文件的类型，会出现一个保存文件对话框，随后选择保存文件的路径，最后单击"完成"按钮，文件格式即被转换，如图 10-30 所示。打开刚才的文件夹，找到文件名后缀为 MP4 的文件，该文件是可以在任何环境下播放的，如图 10-31 所示。

现代教育技术

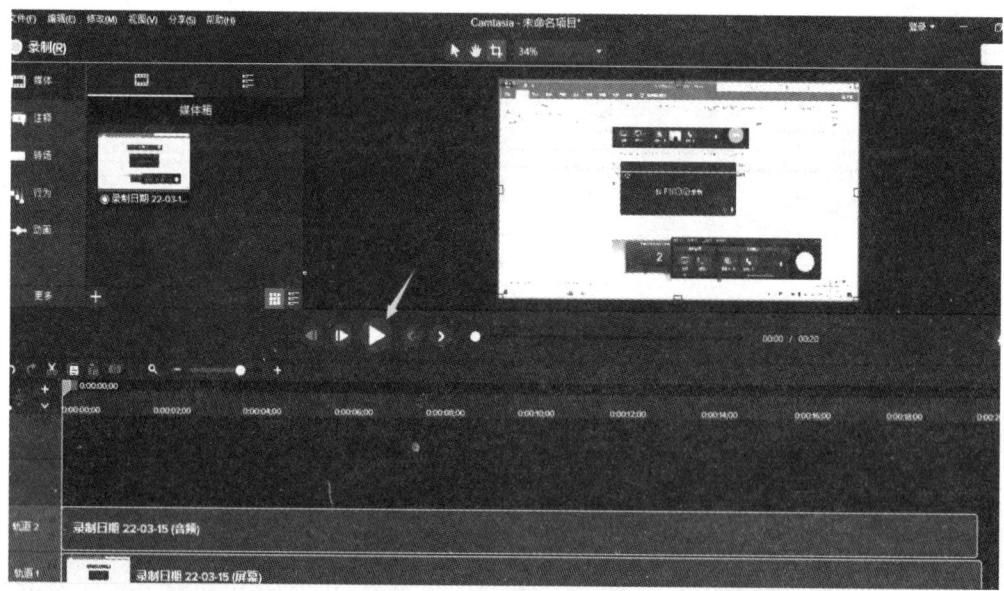

图 10-28 播放录制视频

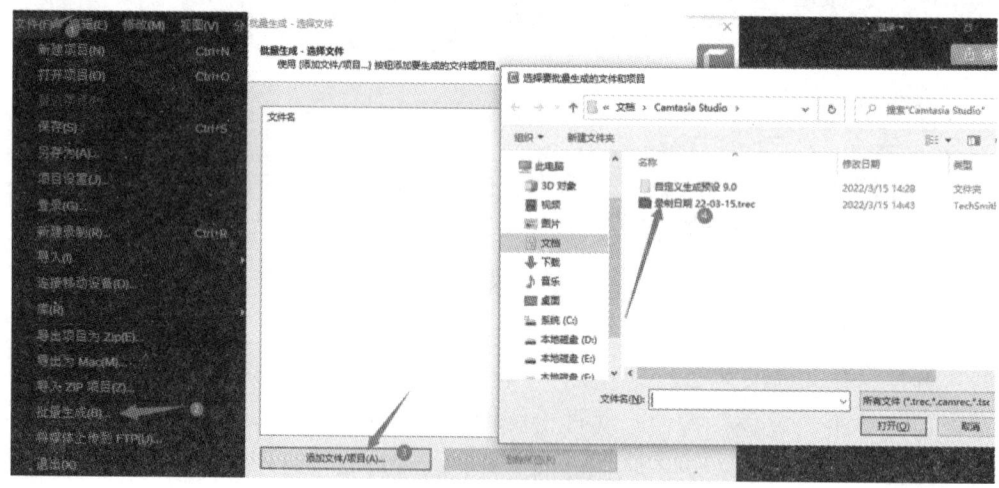

图 10-29 批量生成

第 10 章　上机实践操作

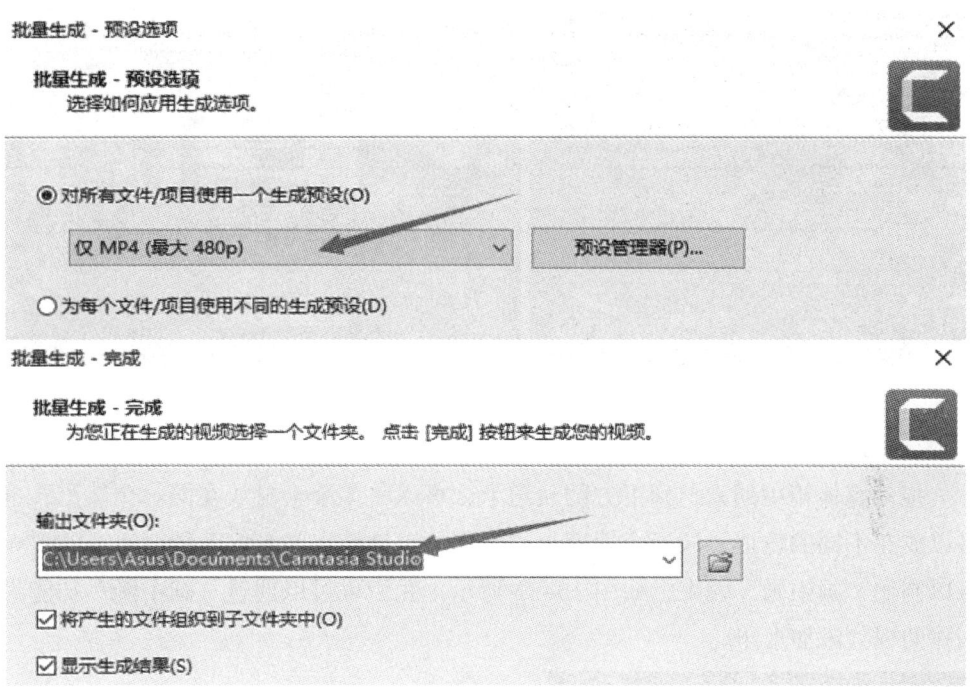

图 10-30　保存文件

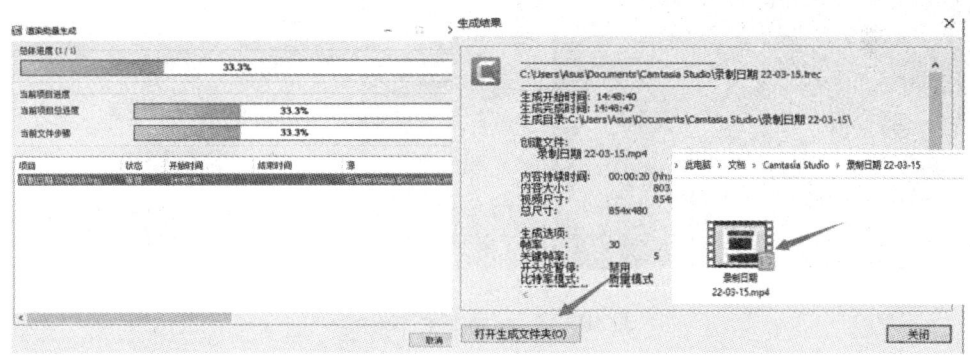

图 10-31　打开保存文件

### 10.2.3　Camtasia 软件视频编辑

1. 导入素材

单击菜单"文件"→"打开项目"或"导入媒体"选择导入的文件，导入媒体可以导入视频、音频和图片，导入的素材显示在媒体箱中，如图 10-32 所示。

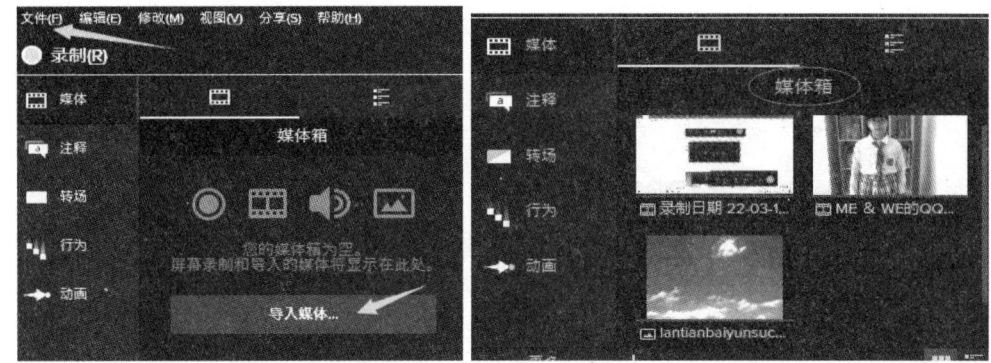

图 10-32　导入视频

拖动媒体箱中的素材到下方的轨道上，可以将多个素材放在同一个轨道，也可以放在不同的轨道。同一个轨道上的视频可以拼接在一起，不同轨道上的视频可以制作"画中画"效果，如图 10-33 所示。我们也可以通过"画中画"功能为制作的视频添加水印。

图 10-33　"画中画"效果

2. 视频转场

同一个轨道上有多个视频时，可以在视频的间隔设置转场，也可以在要添加效果的位置进行分割，最后把选定的效果拖动到分割处即可。单击主界面左侧"转场"按钮，即可出现软件自带的转场效果，选择其中一个，将其拖动到想设置转场的位置，通过视频框即可以预览转场效果，如图 10-34 所示。

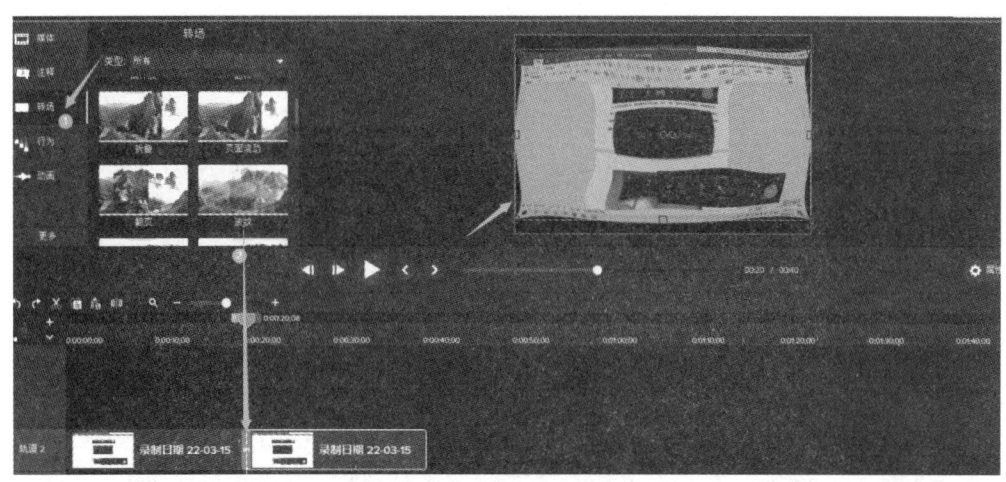

图 10-34 转场效果

3. 添加字幕

在视频编辑中，经常需要添加字幕。单击菜单"修改"→"字幕"→"添加字幕"，如图 10-35 所示，在弹出的对话框中输入字幕内容，设置字幕持续时间，如图 10-36 所示。

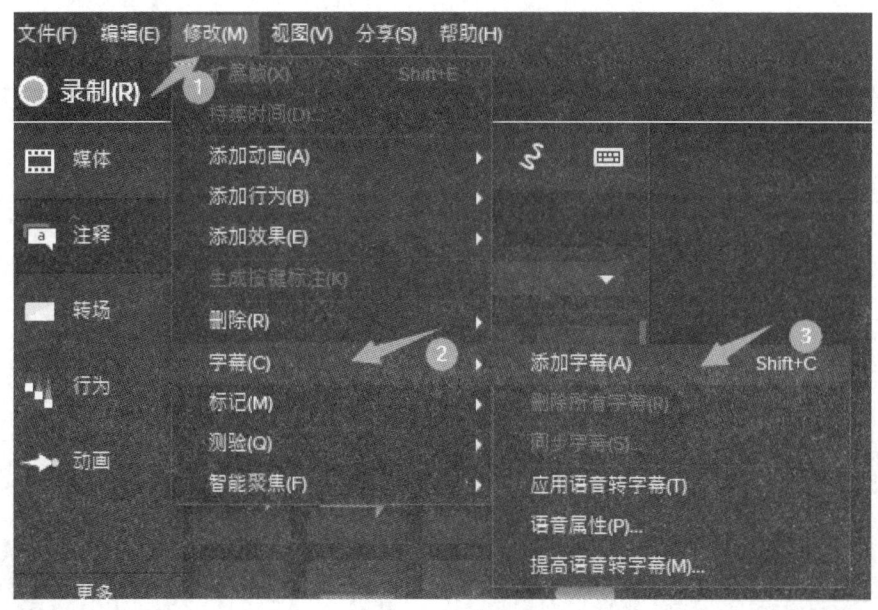

图 10-35 添加字幕菜单

现代教育技术

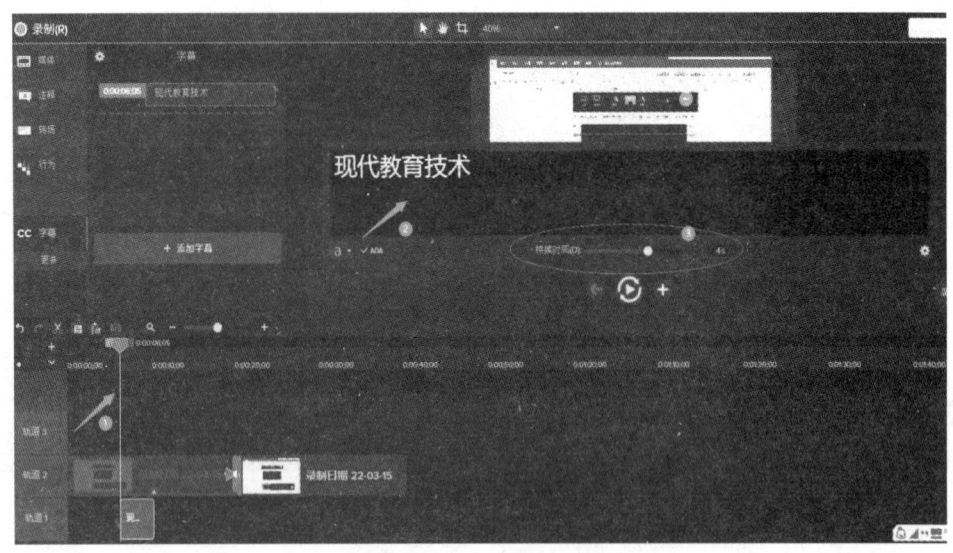

图 10-36 设置字幕

4. 音量调整

编辑视频或音频文件的音量，可单击轨道中的文件，选择"编辑音频"选项，如图 10-37 所示，被选中的文件将出现水波纹，水波纹越高声音越大，通过调整水波纹的高低实现音量的大小，如图 10-38 所示。

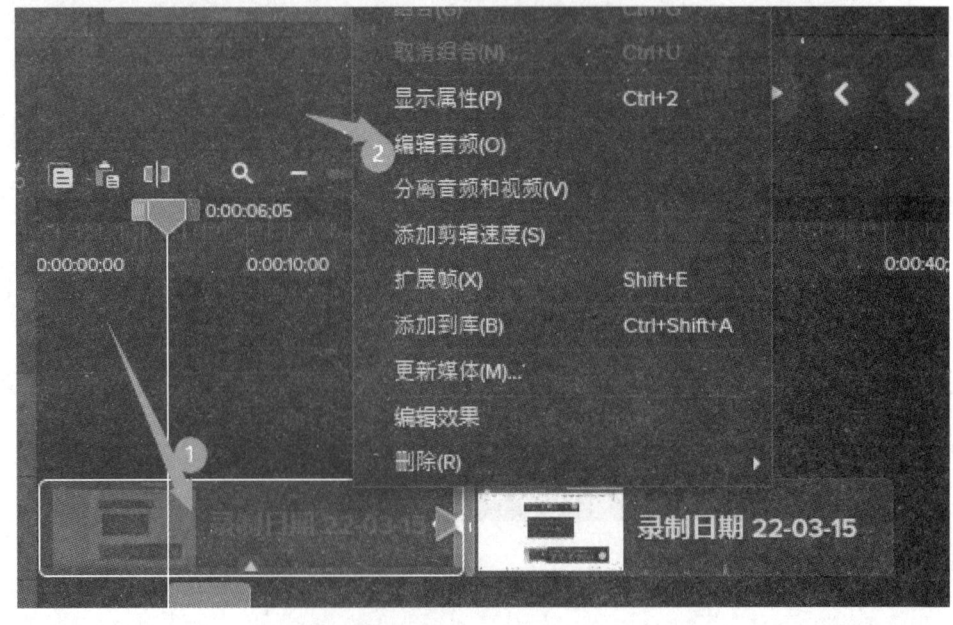

图 10-37 音频编辑

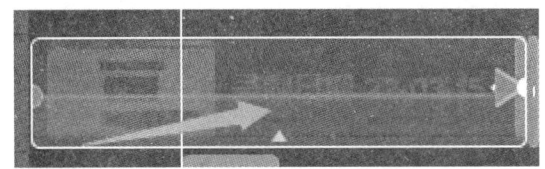

图 10-38　音频波纹调整

5. 生成视频

编辑完成后，单击"分享"→"本地文件"，如图 10-39 所示。在随后弹出的"生成向导"对话框中选择生成文件的类型，单击"下一步"按钮，命名文件名和选择文件保存路径，再次单击"下一步"按钮进行视频渲染，生成视频，如图 10-40 所示。

图 10-39　生成视频

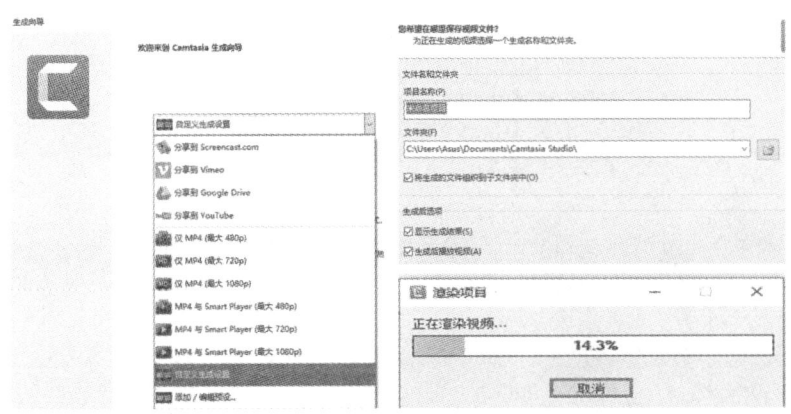

图 10-40　生成视频设置

## 10.3　PPT 课件优化上机实践

PPT 是微软公司 Office 系列办公组件中的幻灯片制作软件，其具有操作简便、界面友好等特点，因此深受人们喜爱。

### 10.3.1　母版设置

制作 PPT 时使用母版具有诸多好处，如可以让 PPT 的配色、版式、标题、字体，和页面布局等更加统一，PPT 文件会变得小很多，而且修改方便。

鉴于 PPT 母版的特性，如果制作的 PPT 页面数量较多、页面版式需要分为固定的若干类、对制作时间有要求等，建议使用套用母版的方式；如果 PPT 的内容是全图演讲、音乐动画、个性相册等制作，可不使用套用母版的方式。

接下来基于 PPT2016 版本给大家讲解幻灯片母版的设计，打开 PPT2016 版本之后，单击菜单上方的"视图"选项卡，如图 10-41 所示，找到"幻灯片母版"，单击进入幻灯片母版编辑模式，如图 10-42 所示。

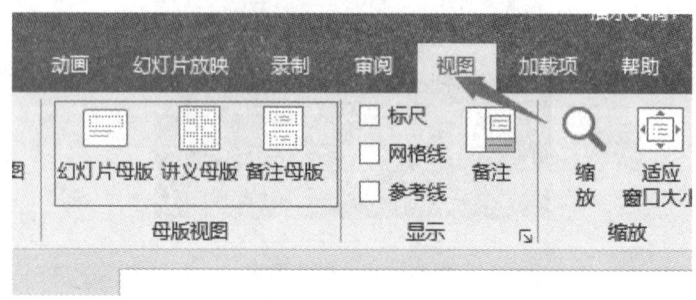

图 10-41　母版视图

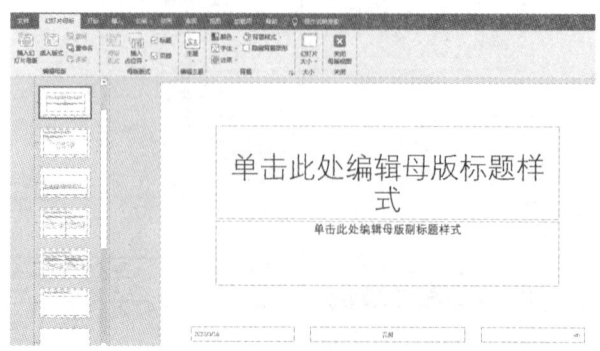

图 10-42　母版编辑界面

# 第 10 章 上机实践操作

在幻灯片母版编辑中，经常需要为页面批量添加一些元素，如学校徽标等。操作非常简单，只要在母版的第一张幻灯片中插入徽标图片即可，不但方便快捷，而且位置统一。例如，在页面中添加学校的徽标，如图 10-43 所示，单击菜单中的"插入"→"图片"选择将要插入的 Logo，插入第一张幻灯片中，关闭母版视图，则每一页幻灯片添加徽标成功。如图 10-44 所示。

徽标添加成功后，开始调整文本输入框的字体格式，如图 10-45 所示，设置一级标题为黑体，则在左侧的其他版式中的一级标题都是相同的。

图 10-43　插入徽标

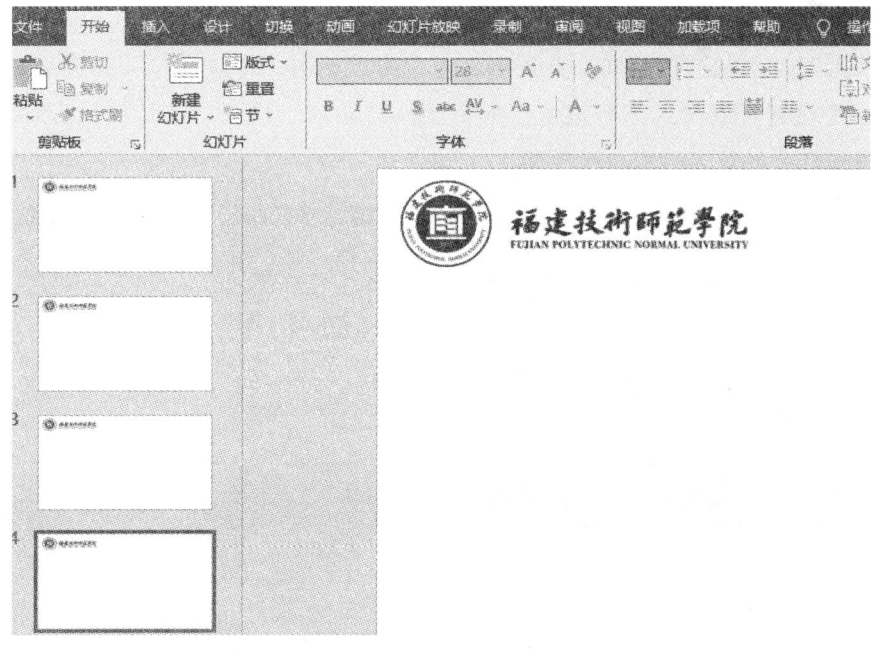

图 10-44　插入徽标效果

185

现代教育技术

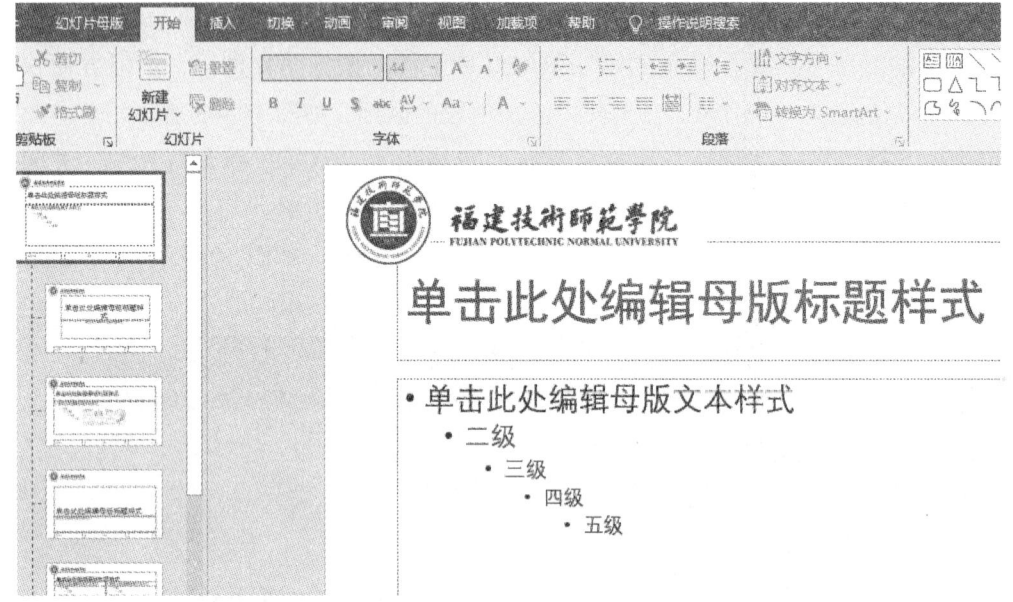

图 10-45　修改字体格式

如果想把主题样式设计得更加美观，可以直接单击"主题"按钮，会看到软件自带的很多搭配主题，选择其中一个，则所有的页面将按该主题预设的样式套用，如图 10-46 所示。

倘若对"主题"预设样式背景不满意，可以单击"背景样式"按钮，选择其中的一种设置背景格式进行设置。如图 10-47 所示，选择"图片或纹理填充"，则每张幻灯片的背景图将自动更换。

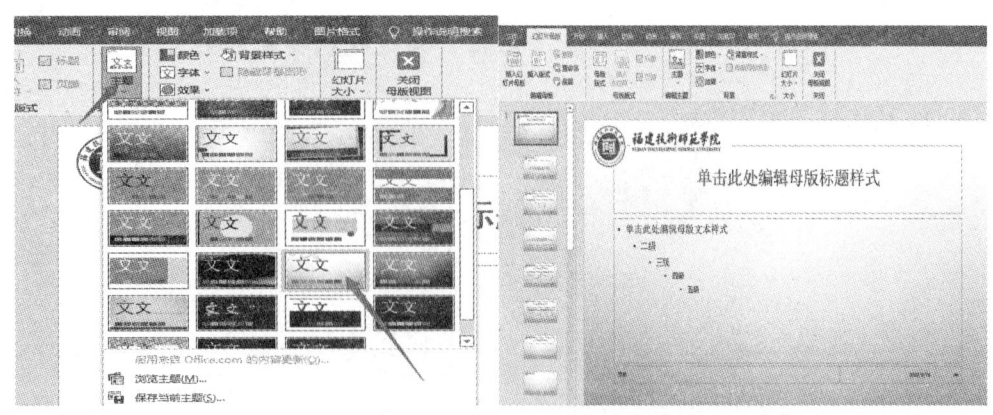

图 10-46　套用主题样式

第 10 章 上机实践操作

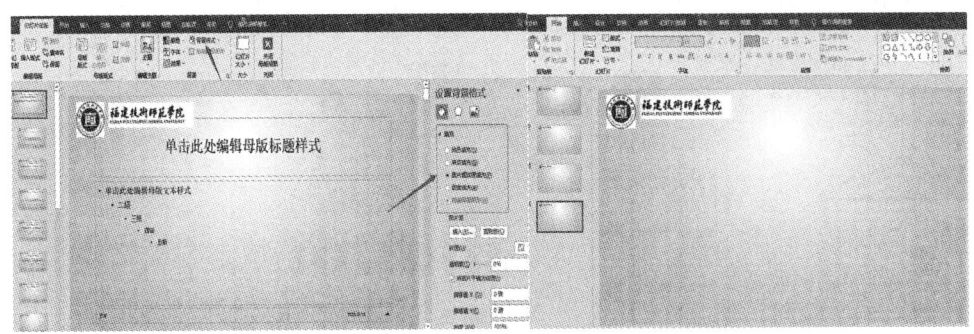

图 10-47 设置背景格式

同样，我们可以修改页脚、日期、编号的字体等。完成这些设置以后，就可以关闭母版视图了。这样，就制作好了幻灯片的模板，接下来就可以在此基础上进行其他内容的编辑，省时省力，方便快捷。

### 10.3.2 图形和图片设置

1. 图形设置

建立一个空白幻灯片，单击界面上方的"插入"按钮，在工具栏当中找到要插入的形状，如图 10-48 所示。

单击"形状轮廓"按钮，可以对刚才选择的形状进行颜色、轮廓颜色等相关的设置，如图 10-49 所示。

如果同一个页面中有很多形状需要对齐，可以采用一定的快捷方法。首先，选中所有需要对齐的形状，如图 10-50 所示；其次，单击"对齐"按钮，可以看到很多对齐方式，如图 10-51 所示。

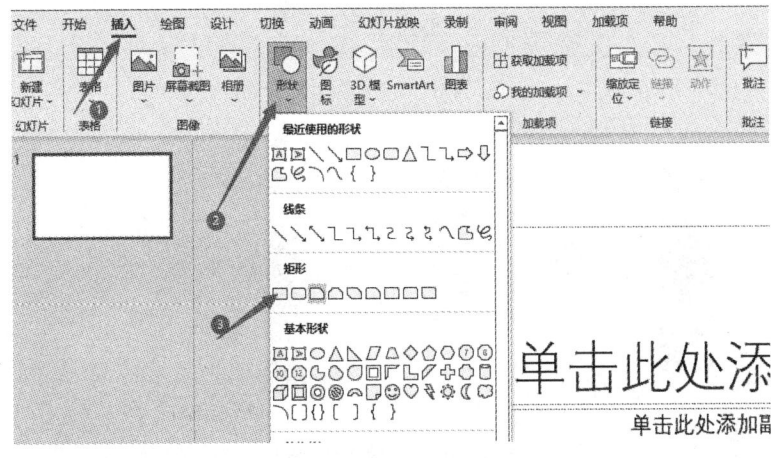

图 10-48 形状绘画

187

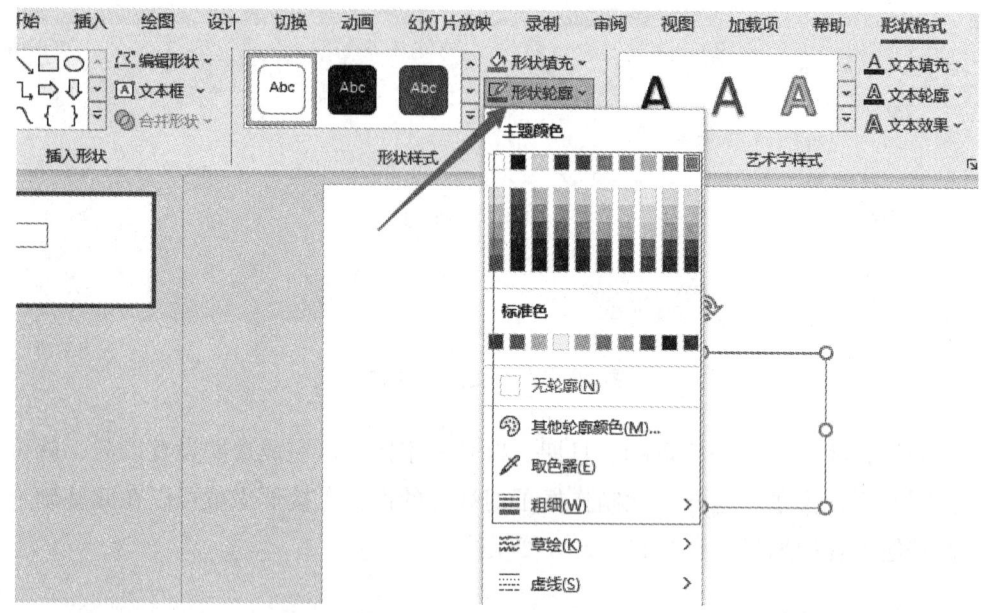

图 10-49 形状轮廓设置

最后，选择自己需要的对齐方式

如果是竖直方向的图形对齐，则需要选择顶端对齐、垂直居中或底端对齐，根据我们图形的需要来选择即可。

例如，我们对选中的形状采用"底端对齐"和"横向分布"两个操作，即四个形状的底端在同一水平线上，且每个形状的间隔是一样的，所图 10-52 所示。

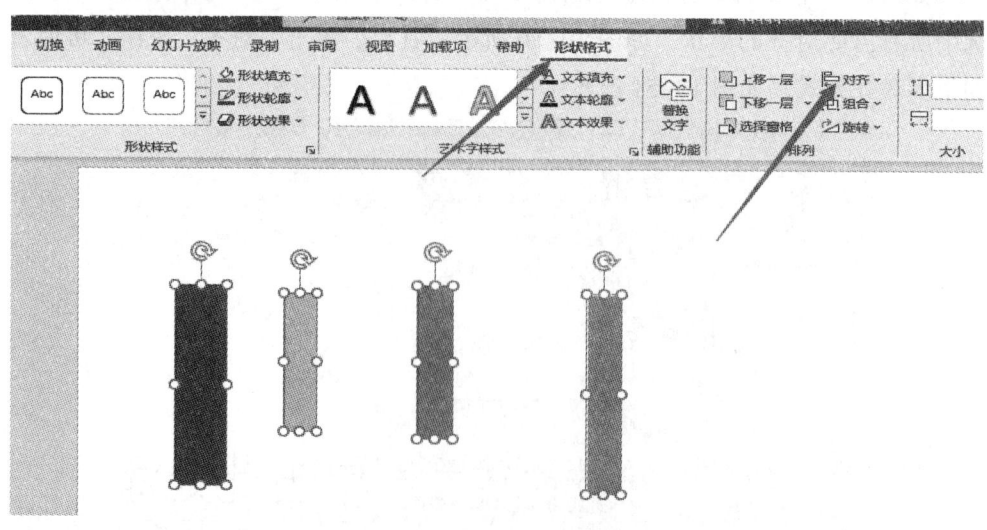

图 10-50 "对齐"功能

第 10 章　上机实践操作

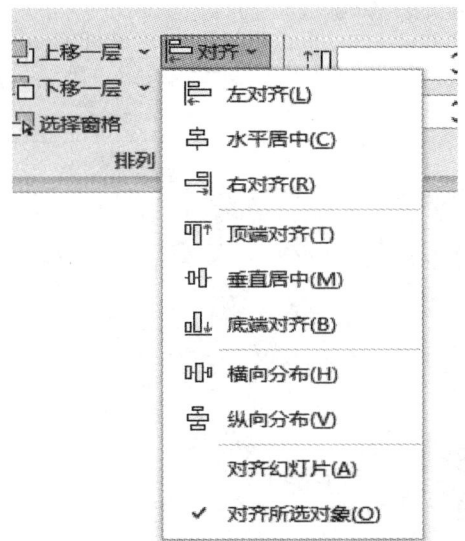

图 10-51　"对齐"属性

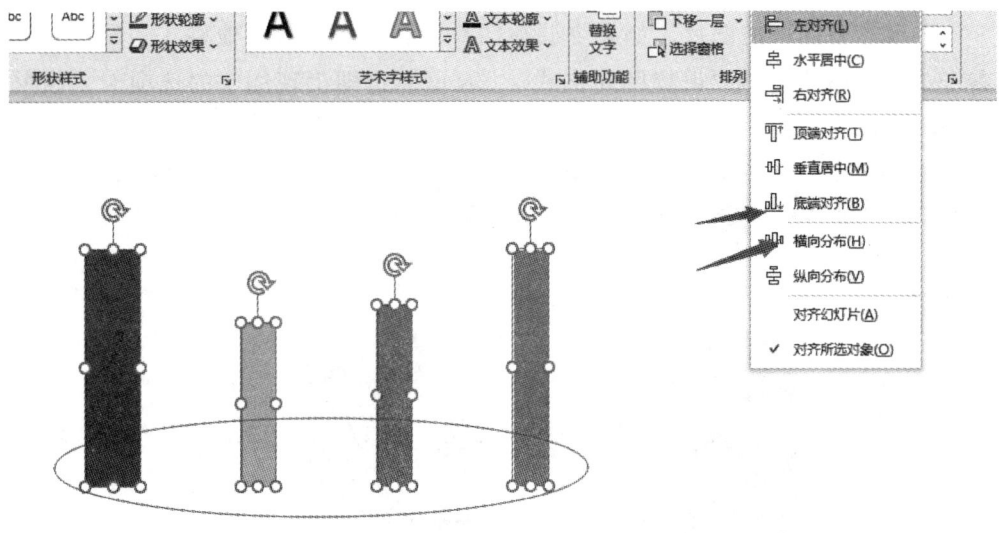

图 10-52　"对齐"效果

2. 图片设置

PPT 页面中可以插入一张图片，也可以同时插入多张图片，如果同时插入多张图片，PowerPoint2016 中的"设计理念"功能会为我们推荐更多的排版效果，供我们选择使用，如图 10-53 所示。下面，我们以插入一张图片为例进行演示。

图 10-53 "设计理念"效果图

选定需要插入的图片,如果要调整图片的亮度或进行其他格式的设置,可右击"图片格式"→"设置图片格式",页面右边即出现相应的选项卡,如图 10-54 所示。

图 10-54 图片格式设置

如果要修改图片的设计效果,可以通过左上角"调整"框内的功进行修改,如图 10-55 所示,单击"删除背景",出现以下界面,如图 10-56 所示,选择保留的区域后,单击"保存更改",即可将图片的蓝天背景删除。

图 10-55　调整框功能

图 10-56　删除背景

如果主题属于怀旧式，这时图片的色泽不宜太现代，可以单击"颜色"，如图 10-57 所示，选择一个与主题相关的效果即可。

为了丰富图片内容，可以在页面中添加各种各样的艺术字。例如，在页面添加艺术字"向日葵"，可根据需要调整艺术字的字体、字号等，如图 10-58 所示。

图 10-57　颜色效果

图 10-58　输入艺术字

先后选中图片和艺术字,单击菜单栏的"形状格式",在左边"插入"选项卡选择"合并形状",系统提供了结合、拆分、相交等功能,如图 10-59 所示。

图 10-59 形状格式设置

例如,单击"相交",则保留图片与艺术字相交的部分,其他部分删除,艺术字以图片作为背景,如图 10-60 所示。同样,可以选择"拆分"等其他功能,即图片与艺术字分离,可以把这类艺术字作为标题用在 PPT 首页。

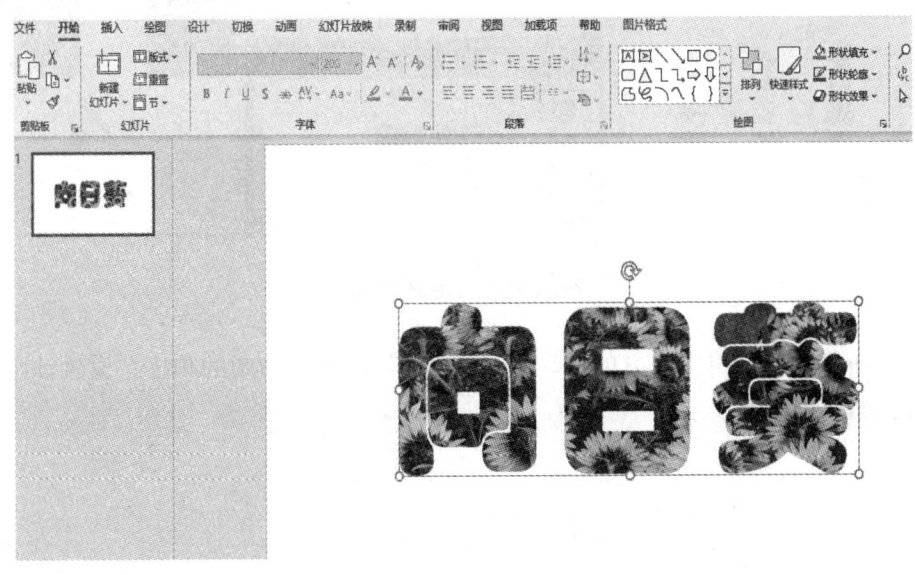

图 10-60 "相交"效果

### 10.3.3 动画效果

1. 动画设置

动画效果作为 PPT 制作中的一项重要内容，被越来越多的设计者所重视。当页面上有多个段落、层次时，可以通过添加动画的形式让内容依次呈现，或针对页面上的重点内容单独添加动画以引起观众注意。

PPT2016 版本提供了丰富的动画效果，特别是动画窗格命令，自定义动画功能更加强大，使用简单，下面以一个简单的例子来说明。

新建一个 PPT 页面，选中添加的元素，单击上方的"动画"→"添加动画"，即可选择动画效果。动画效果包含"进入""强调""退出"三类，如图 10-61 所示。

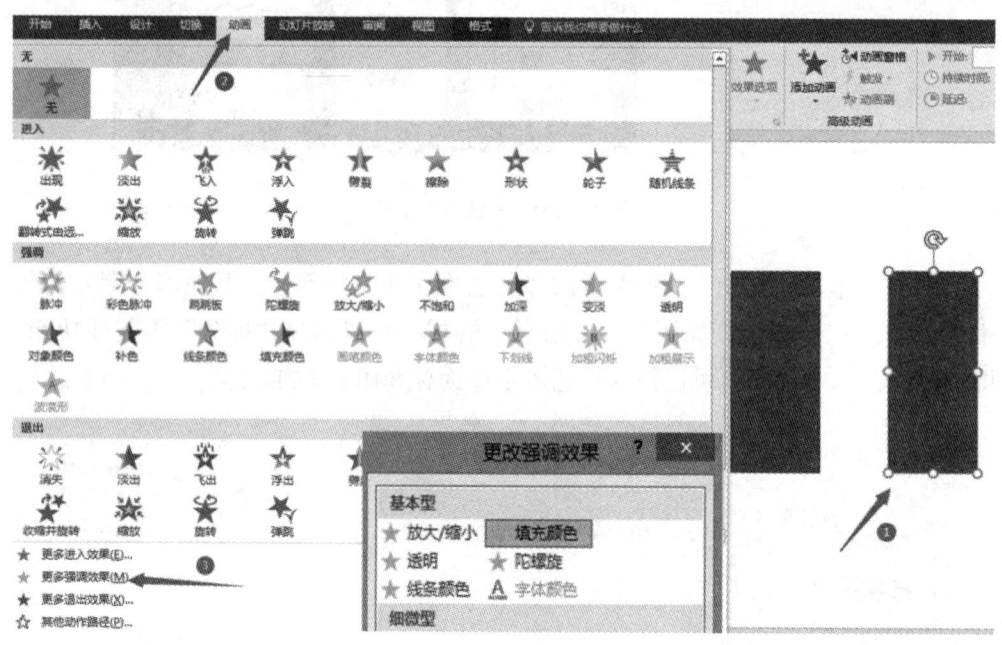

图 10-61 动画预设框

添加好动画后单击上方的"动画窗格"，就能编辑动画的顺序，设置动画效果等，如图 10-62 所示。

第 10 章 上机实践操作

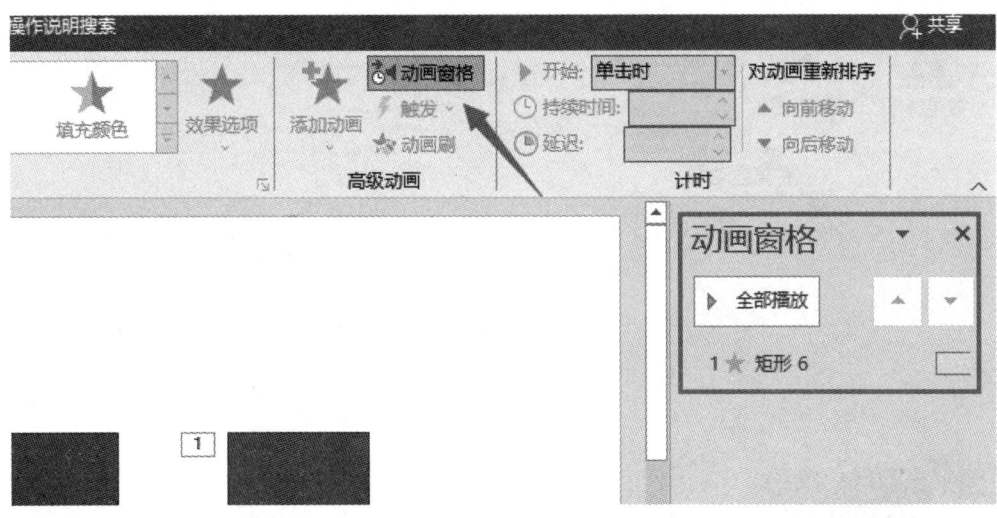

图 10-62 动画窗格

单击"动画窗格"对话框里的对象，下拉菜单中选择"效果选项"，在弹出的对话框中，将"样式"更改为与"填充颜色"相同的纯色，再单击"计时"选项卡，把"期间"更改为"直到下一次单击"，单击底端的"确定"按钮，完成动画设置，如图 10-63 所示。

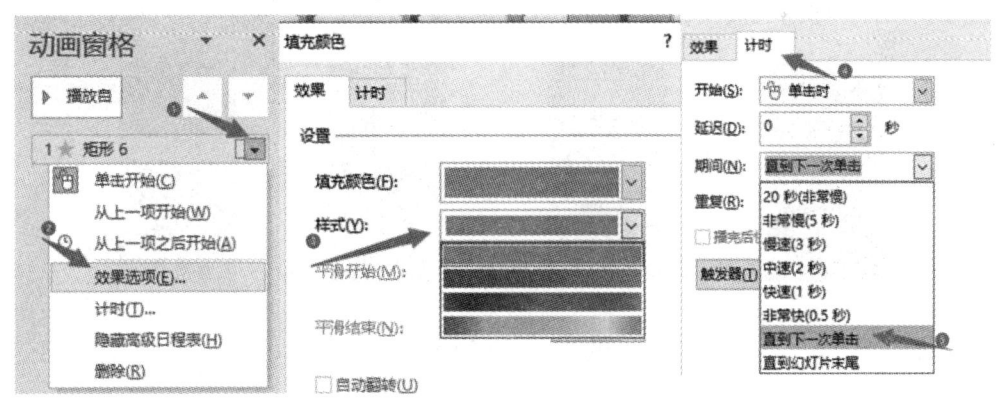

图 10-63 动画效果设置

PPT2016 版本多了"动画刷"功能，可以轻松地批量添加相同的动画效果。设置完一个动画后单击"动画刷"按钮，再单击第二个对象，按照相同的方法，即可将其他三个对象都设置成相同的动画效果。如图 10-64 所示。

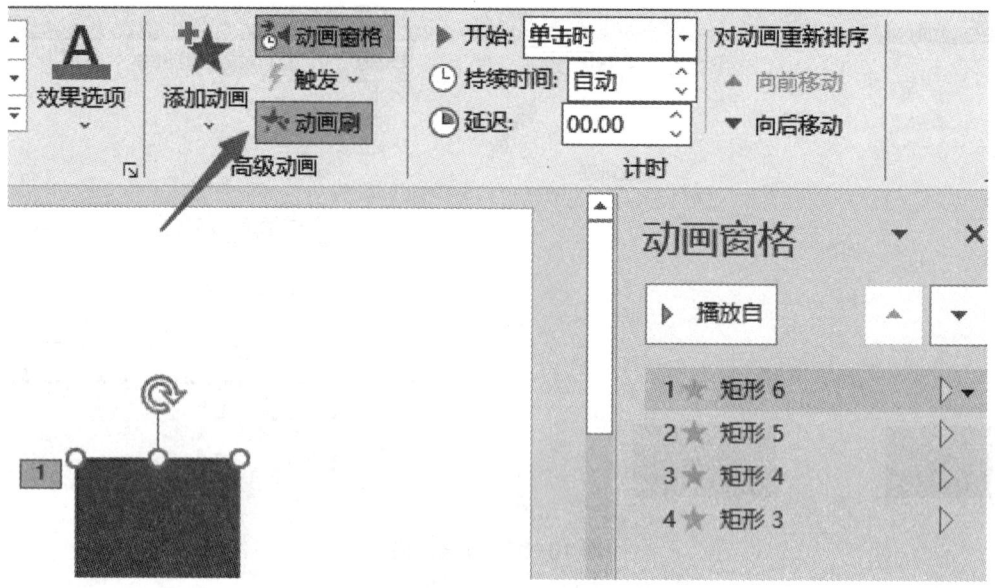

图 10-64 动画刷使用

所有对象的动画设置完成后，放映时的效果将出现点击一次，按顺序每个对象出现变色，其他三个对象保持不变，可以重点突出其中的一点。效果如图 10-65 所示。同样的操作，我们还可以设置文字。

图 10-65 使用效果

2. 页面切换设置

进入 PPT 的主界面，新建几个幻灯片，单击顶部菜单栏中的"切换"选项卡，在工具栏的"切换到此幻灯片"区域里面，系统提供了很多切换效果供选择，选择其中一种切换效果。

例如，选择"擦除"效果，在右边同时出现"效果选项"，可以选择不同方向的擦除动画效果，如图 10-66 所示。页面切换效果选择完成后，还可以针对页面切换时是否带有声音，切换持续的时间进行设置，时间越长，过渡越慢，反之则越快。换片方式可以选择"单击鼠标时"或"设置自动换片时间"，也可以两者都选，如图 10-67 所示。

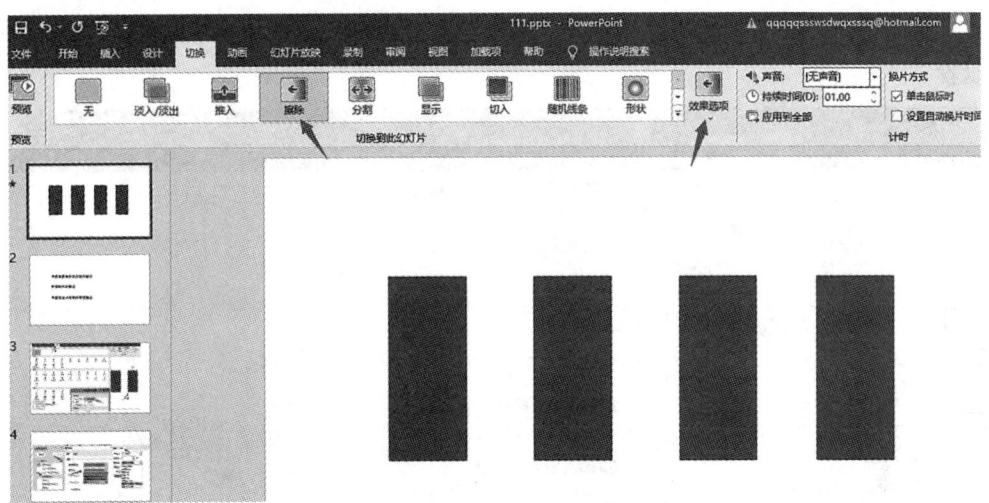

图 10-66　切换效果选择

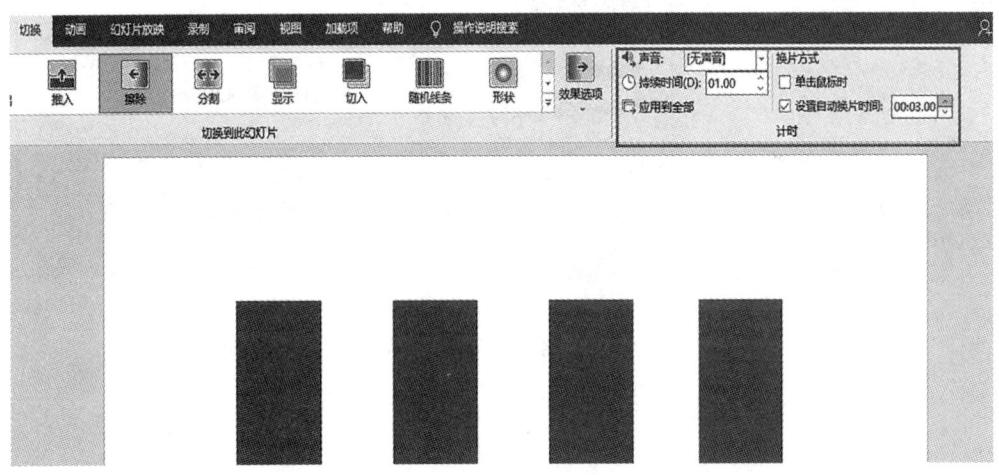

图 10-67　换片效果设置

3. 自动播放设置

在上一步的页面切换中，将换片方式的"单击鼠标时"钩去掉，勾选"设置自动换片时间"，并将时间设置为 3 秒，然后在"计时"栏中单击"应用到全部"，便将相同的页面切换设置应用到文件中所有页面。

单击"幻灯片放映"→"设置幻灯片放映"，在弹出的对话框中把换片方式设置成"如果出现计时，则使用它"并勾选"放映选项"中的"循环放映，按 ESC 键终止"，单击"确定"后退出。在"幻灯片放映"选项栏，勾选"使用计时",完成以上设置,才能实现自动切换。如图 10-68 所示。

接下来可以播放幻灯片,播放完毕后按"保存",即完成了按时自动播放设置。

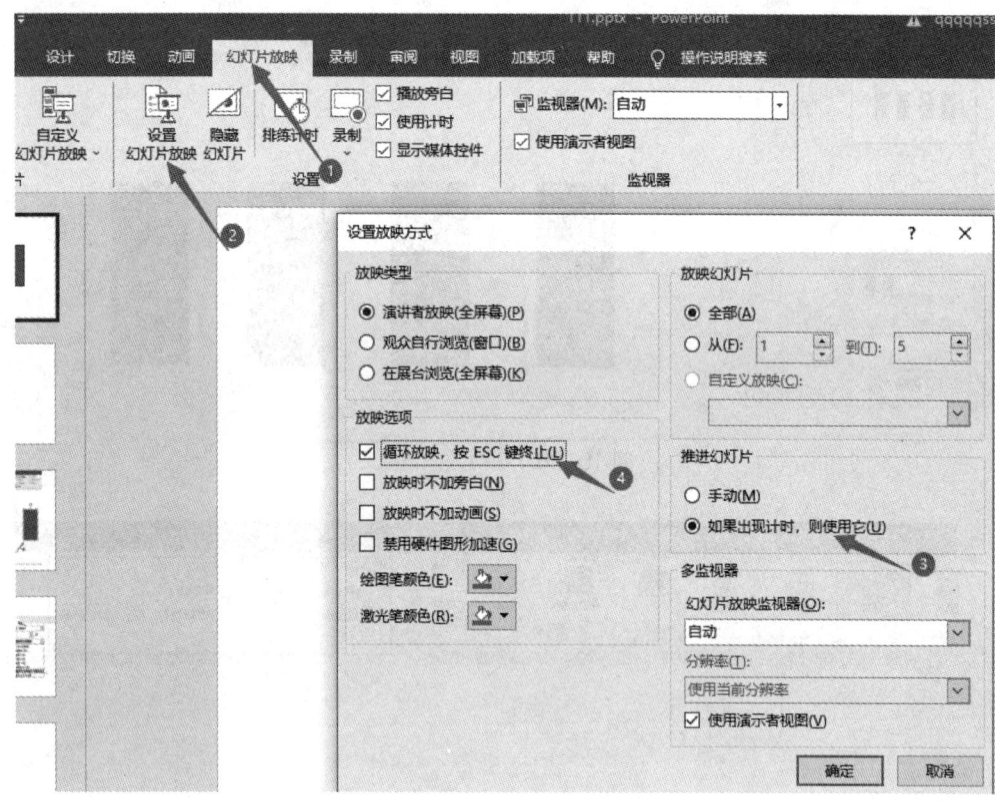

图 10-68 自动播放设置

# 参考文献

[1] 邱红艳，孙宝刚.现代教育技术[M].重庆：重庆大学出版社，2020.

[2] 杜海娟.现代教育技术[M].天津：天津科学技术出版社，2019.

[3] 张福高，张霞霞.现代教育技术[M].成都：电子科技大学出版社，2017.

[4] 张亚珍.现代教育技术[M].南昌：江西高校出版社，2017.

[5] 宋光辉，郭红霞.现代教育技术[M].成都：电子科技大学出版社，2015.

[6] 陈晓慧.现代教育技术[M].北京：北京邮电大学出版社，2009.

[7] 刘延.浅析在线学习平台的教学有效性[J].现代职业教育，2021(42)：146—147.

[8] 李方瑞.现代教育技术在高校教学中的应用[J].无线互联科技，2021，18(19)：132—133.

[9] 左海岭.现代教育技术在大学微课中的应用与研究[J].电脑知识与技术，2021，17(27)：224—225.

[10] 曹水莲，黄樱，叶艳菲.信息化教学环境下课堂教学行为分析策略探究[J].文教资料，2021(24)：157—159.

[11] 张肖梅.现代教育技术对高校教育教学的促进作用——评《教育技术：现代高等教育教学改革的突破口》[J].中国科技论文，2021，16(8)：928.

[12] 王希，戴靓婕.基于微型化学习资源的现代教育技术慕课设计研究[J].信息与电脑（理论版），2021，33(13)：217—219.

[13] 赵菊莲，赵淑莲.浅析多媒体课件在教学中的有效使用[J].中国新通信，2021，23(13)：185—186.

[14] 林维秋,孙崴.大数据背景下现代教育技术多元化应用研究[J].中国管理信息化,2021,24(12):229—230.

[15] 张淑丽.信息化教学资源库的建设与应用研究[J].新课程,2021(17):155.

[16] 韩新洲.职业院校信息化教学资源建设研究[J].工业和信息化教育,2021(4):89—91.

[17] 霍晓峰.现代教育技术在高校模块化课程教学中的应用探究[J].科技视界,2021(11):12—13.

[18] 苟斐斐.现代教育技术与全纳教育深度融合:动力逻辑、域外经验与路径探索[J].绥化学院学报,2021,41(4):19—24.

[19] 常玲玲.消解教师"生存"危机:教师与现代教育技术共存关系的思考[J].西北成人教育学院学报,2021(2):80—84,93.

[20] 柴惠芳.现代教育技术在提升课程教学效率中的应用[J].科教导刊,2021(8):38—40.

[21] 张伟.现代教育技术在高校教学中的应用研究[J].教育信息化论坛,2021(3):34—35.

[22] 叶莎莎,朱珠,黄燕,等.高校教师现代教育技术应用能力提升的探索与实践[J].科教导刊,2021(5):69—70.

[23] 王晶.高职信息化教学资源的整合与应用评价指标体系构建[J].中国多媒体与网络教学学报(中旬刊),2021(2):25—27.

[24] 闫鹏.依托教学资源库的高校课程信息化教学探究[J].现代信息科技,2021,5(2):184—187.

[25] 李静,王建军.多媒体课件版式设计策略研究[J].电脑知识与技术,2021,17(2):177—178,181.

[26] 付帅,许春玲.大数据时代网络课程建设与人才培养模式的研究[J].电脑知识与技术,2021,17(1):133—134,139.

[27] 杜丹.高职现代教育技术应用现状与提升策略[J].中国多媒体与网络教学学报(中旬刊),2020(11):14—16.

[28] 曾望军.大学课程网络在线教学中的共性问题与对策研究[J].课程教育研究，2020(43)：114—115.

[29] 杜丹.运用现代教育技术提升高职教育质量[J].中国多媒体与网络教学学报（中旬刊），2020(10)：46—48.

[30] 文林彬.高职信息化教学资源系统的生态平衡研究[J].知识文库，2020(18)：107,109.

[31] 吴琼香.基于多媒体课件制作的网络课程设计与开发[J].湖北开放职业学院学报，2020,33(17)：160—161.

[32] 侯建明，孙晶.高校网络课程建设理念与实践探析[J].吉林省教育学院学报，2020,36(9)：147—150.

[33] 杨咪咪."互联网+"背景下现代教育技术的思考与实践[J].数字通信世界，2020(9)：268—269.

[34] 冯建蕊.基层学校推进信息化教学资源库建设的思考[J].科技视界，2020(23)：143—144.

[35] 赵永平.中职信息化教学资源共享平台建设[J].科学咨询（科技·管理），2020(7)：142.

[36] 徐梅，叶德阳.高校网络教学浅谈[J].现代职业教育，2020(26)：14—15.

[37] 陈喜庆.基于现代教育技术的计算机教学模式探析[J].科技视界，2020(18)：148—149.

[38] 孙阳.职业院校信息化教学环境建设路径研究[J].河南农业，2020(12)：7—8.

[39] 武莉.应用信息化教学资源优化教与学的实践[J].宁夏教育，2020(4)：34—35.

[40] 张丽琴.浅谈如何提高信息化教学的有效性[J].天津职业院校联合学报，2020,22(3)：25—29.

[41] 韩江.职业院校信息化教学资源建设的研究[J].数码世界，2019(11)：201.

[42] 高聪毅.基于"全媒体"媒介传播形态对信息化教学的策略[J].智库时代，2019(38)：186,188.

[43] 孙晓妮. 网络在线教学系统 Moodle 研究综述[J]. 信息与电脑(理论版), 2019 (11): 77—78, 81.

[44] 周平. 基于现代教育技术的翻转课堂及其理论基础溯源[J]. 外语电化教学, 2015 (2): 72—77.